歴史文化ライブラリー

233

雑穀を旅する

スローフードの原点

増田昭子

目　次

1　雑穀の発見

雑穀の発見──プロローグ

沖縄の健康食「まごわやさしい」

「まごわやさしい」と書いた標語が沖縄県竹富《たけとみ》町黒島のあちこちの家に貼ってある。その意味は次の食材の頭文字を取ったもので、これらを食べることが健康につながるというのである。

ま──まめ
ご──ごま
わ──わかめ
や──やさい
さ──さかな

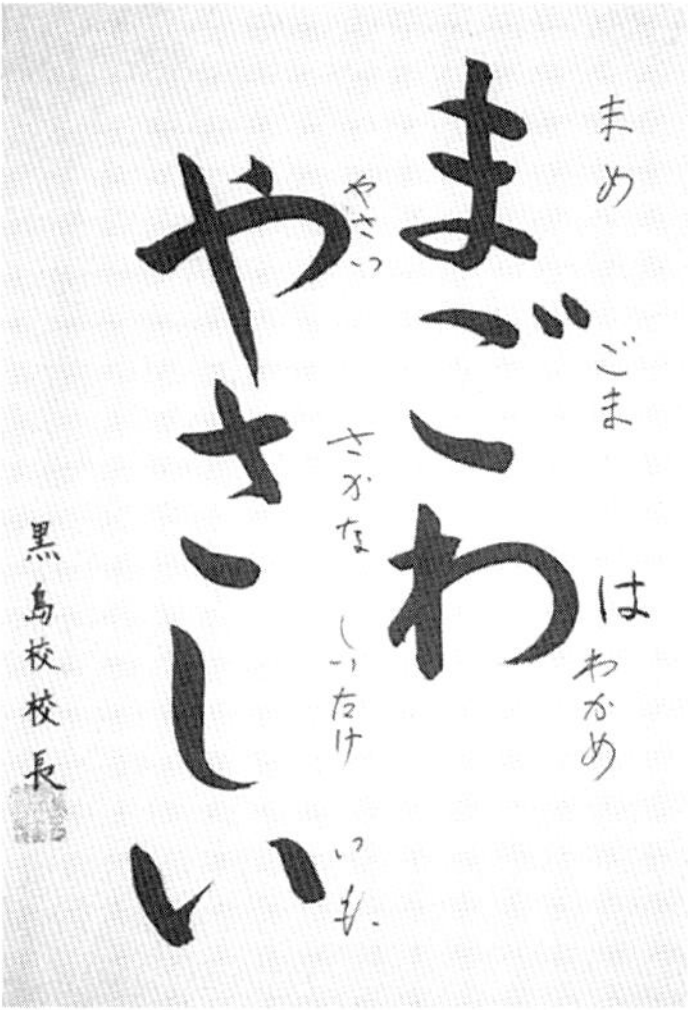

図１　「まごわやさしい」
沖縄の伝統的な食材を示した標語。

し――しいたけ
い――いも

この標語は黒島小中学校に赴任してきたある校長先生が作ったもので、各家庭に配られた。これらの食材はその物のことでもあるが、同時にマメはマメ類、ワカメは海藻類、シイタケはきのこ類を意味している。この食材を見ると、たいへん沖縄らしいもので、健康食そのものである。たとえば、マメ類は豆腐と味噌汁になり、よく食べるものである。とくに、豆腐の消費量は全国でも有数であり、カリウム・マグネシウム・亜鉛などを多く含んだもので、昔からよく食べていた。私の滞在している家では海水豆腐を現在（平成十八年、本書執筆当時を表す。以下同じ）でも作っている。ゴマは、昔は自家栽培し、油に絞って使ったが、現在は購入するのが大半である。近年、小浜《こはま》島ではゴマの栽培が行なわれるようになった。海草はコンブの消費が挙げられるが、これは購入物であり、ふだんに食べるというよりもハレの日のごちそうになる食材である。むしろ、海草はアーサ・スーナ・ツノマタなどの自家採取したものをふだんにたっぷり食べる食習慣をいったものである。野菜は沖縄野菜と現在ではいわれるが、野菜と野草と薬草の区別がつかないほど豊富な種類があり、一回に食べる量も多い。沖縄料理は医食同源《いしょくどうげん》といわれるが、まさにそのことを実感するほど、種類も量も豊富である。魚は海に近い集落ではふだんの昼食に採ってきて「魚汁《さかなじる》」と称する味噌汁になる。イモはサツマイモのことで、沖縄の全域で雑穀とともに主食の中心であった。沖縄県ではサツマイモをイモ、あるいは、各地でアッコン・ウン・ンなどとそれぞれの言い方をする。以下では沖縄県全体で通用しているイモと表記する。

さて、このように沖縄の食材が「健康食」といわれ、全国一の「長寿県」といわれてきたが、昨今ではその「長寿県」も危ういという。女性の長寿＝平均寿命はともかく、男性のそれは、全国一位（昭和六十年）であったものが、二十六位（平成十二年）に落ちてきている。上記に記した「まごわやさしい」という伝統的な庶民の食材からはなれ、現在の食材が高タンパク・高脂肪にかたよったものになり、車社会によって運動をしなくなったことが原因と考えられ、生活習慣病を招いていると沖縄県の人たちは分析している（沖縄タイムス「長寿」取材班編『沖縄が長寿でなくなる日』岩波書店、二〇〇四年）。

沖縄料理で欠かせない食材として豚肉が挙げられるが、豚肉を食べるのはハレの日などで、月に一、二度食卓に上る程度であった。それが第二次世界大戦後にアメリカ軍の駐留により、肉食文化がもたらされ、油分の多い食品がごちそうになってしまったことも影響している。こうした沖縄県の現状を踏まえ、健康にたいする危機と食事の関係を端的に示す「まごわやさしい」という標語をある校長先生が作り出したのである。その意味で、この標語は健康食ブームと実生活におけるその翳《かげ》りを的確に象徴している言葉である。

沖縄・八重山の健康食

実は「まごわやさしい」の標語には、沖縄の伝統的な食料である粟《あわ》や黍《きび》・麦・モロコシなどの雑穀が入っていない。おそらく、現代の子供たちに伝えるためには、これらの雑穀を省略したのであろう。というのも、このような雑穀を手に入れることはなかなか難しいのである。市販されているのは黍とモロコシの粉であり、米などに比べてきわめて高価なのである。

しかし、沖縄県では粟や黍・麦類・モロコシは重要な食料であった。ことに、水田の少ない沖縄県において、粟はイモとともに主食になっていた。「沖縄の主食はイモ」というが、イモだけが主食であったわけではない。石垣《いしがき》島や西表《いりおもて》島を中心にした地域を八重山《やえやま》というが、その八重山の島々の一つである黒島を例にとれば、昔は、朝食と昼食は炊いたイモをつぶして、大きな握りにしたウムニ（イモの煮たもの）あるいはンヌイ（イモの飯）と呼ばれた食品が主食であったが、夕飯は粟やわずかな米を炊いて、野菜をたっぷり入れたジューシー（雑炊）やソテツの飯などを食べていたのである。むしろ、イモを中心して粟やソテツなどとともにたくさんの野菜を食べる食事であった、といってよい。とくに、野菜や野草・薬草を一度に食べる多さは本土の比ではなく、大量である。私は、これを称して「葉っぱを食べる文化」が八重山にあると思っている。数種の穀物、イモ類、多彩な葉菜類が主食になっていたのである。まさに、現代の都市に住む人たちが求めている健康食そのものである。また、雑穀である黍や麦類・モロコシなどはふだんの日にもハレの日にも食べるものであり、作物の播種《はしゅ》儀礼や豊年祭（収穫祭）には神さまから五穀の種子を授けてもらう儀礼を行なうほどに主要な作物であった。現在の八重山の主食は米中心であるが、モチキビといわれている黍や紫黒米を混ぜて食べることも盛んである。

もう一つ付け加えるならば、酢物をよく食べることである。八重山では酢物をひんぱんに食卓にのせる。材料はスーナなどの海草とシャコ貝・ハラゴ（魚名）などの魚介類である。野菜を入れることもある。しかも、酢は、現在は購入するが、昔は泡盛《あわもり》を醸造《じょうぞう》した後に出る滓《かす》から造った酢であった。これをシマパヤ（島で醸造した酢）といい、これを使って酢物をふだんに作って食べた。現在、健康食ブームで黒酢をはじめとして酢を飲料に用いる効用が説かれている。しかし、何といっても、毎日の食事のなかで摂ることがたいせつである。

雑穀食ブーム・健康食ブーム

しかし、沖縄ばかりに健康食があったわけではない。米が主食であったのは都市部である。全国どの農村・漁村・山村でも庶民の食事は、米を中心にしておらず、粟や稗《ひえ》・黍・麦類・モロコシなどの穀類、サツマイモ・ジャガイモ・サトイモなどのイモ類、トウモロコシなどが主食であった。野菜も飯に炊き込んだり、団子《だんご》汁に入れたりして大量に食べたことから「野菜は半所帯」といわれ、腹の足しになる「イモは陰の俵」といわれるほどに主食になっていたのである。

「雑穀食ブーム」といわれて数年が経ち、岩手県・長野県・岐阜県・沖縄県などで生産される雑穀も多くなってきた。もちろん国産以外の雑穀も販売されている。雑穀を五穀米・八穀米などと称して商品として品揃えをしたデパート・生協・スーパーマーケットは当たり前になり、雑穀食をメインにしたレストランも都市のあちこちで見受けられるようになった。それだけ雑穀が一般の人たちに受け入れられるようになったわけである。しかし、雑穀は一昔前ならば、「雑穀は貧乏人の食物」と蔑まれていた穀物であった。その雑穀がいまや「雑穀食ブーム」となったのである。雑穀食がブームになった理由は、「健康食」の一つだからである。雑穀は繊維食物だから体によい、といわれている。近年は雑穀の栄養成分も研究されてきて、米には少ない微量栄養素であるマグネシウム・亜鉛・鉄分などのミネラル成分が十分に含まれていることが判明している。また、そうした成分が病気予防、とくに動脈硬化を予防・軽減する働きがあり、黍は肝臓障害を和らげるといわれている。地道な研究が雑穀の栄養的な力を引き出したのである。また、アレルギー代替食料としても注目されている。「雑穀食」はたんにブームではなく、粟や稗などそれぞれの穀物として独自の栄養素を持つ穀物であることが認識されたのである。

しかし、雑穀が持つ栄養素が精白した米よりも高いから、あるいは病気予防によいから、といって雑穀を食べていればすべてよいというわけではない。近年の「健康食ブーム」のなかには、テレビで放映された「血液がドロドロにならないタマネギ健康食」「青汁」など、その食品を食べ、飲んでいれば、いつも健康でいられるといった健康にたいする幻想を与えかねない言説もある。「健康食ブーム」とは、「健康でありたい」「長寿でありたい」という願望をもとにした「健康ブーム」の一端なのである。ある食品を食べれば健康になるわけでなく、適度な運動をしたり、よい睡眠を取ったりとさまざまなことをすると同時に体によい食料をバランスよく摂取することが大切なのである。健康によいとされるサプリメントを毎日服用することも、健康維持に必要な人もいるかもしれないが、それのみで生きることはできないのであって、毎日のバランスのよい食事を基本にして、不足分をサプリメントで補うことが健康維持の原則であろう。

食物を食べるという行為は、必要栄養素によって人間の「体を養う」というばかりではなく、ほかの効果もあることがわかってきた。たとえば、食物を口から入れて、よく嚙み、体内に取り込んでいくことは、人間の免疫力を高め、嚙むことであごを使い、ひいては脳の活性化につながるというのである。何よりも自分で食べる楽しみを味わうことが基本にあるからであろう。生命維持に欠かせない力を生み出す源が食べる楽しみに存在するのではないだろうか。これは日々、癌《がん》患者など病人の状況を把握しながら認識していった医師や管理栄養士たちの研究成果によるものである。「健康食ブーム」あるいは「健康ブーム」とは、体にいいとされる一つの食料なり、食品を食べれば、健康になる、という万能食のことではなく、目に見えない体の働きも含めて、食料・食品や運動、心の持ち方などの総合的な健康状態を自覚することにあるのではなかろうか。

「健康食ブーム」、その奥にある「健康ブーム」により、消滅しかけていた雑穀がよみがえったともいえよう。個々の雑穀、粟や稗・黍といった本来の多様な穀物を食べ、それぞれ固有な味を噛みしめることが、雑穀食の楽しみになるだろう。

雑穀とは何か

雑穀が健康食ブームの波にのって多くの人たちに食べられるようになり、たいへんよい時代になったといえよう。それは、雑穀が日本の豊かな食文化をはぐくんできた長い歴史があるからである。ここで雑穀とは何か、を問うことにしよう。

雑穀は日本の縄文時代から栽培されてきて、米や麦類とともに日本人の主食になってきた。もちろん、日本だけではなく、ユーラシア大陸を中心にしてたくさんの国々で栽培され、食料とされてきた穀物である。

ところで、雑穀とはどのような穀物をいうのであろうか。雑穀博士ともいわれる農学博士阪本寧男《さだお》氏によれば、イネ科穀類のなかでも粟・稗・黍などの総称で、小さな種子を付け、主に夏雨型の半乾燥気候、熱帯、あるいは亜熱帯のサバンナ的な生態条件や温帯モンスーン地域で栽培化され、夏作物として栽培された穀類であるという。したがって、稲やトウモロコシ、大麦や小麦などの麦類は含まれない（阪本寧男『雑穀博士ユーラシアを行く』昭和堂、二〇〇五年）。この雑穀の定義は農学の立場からの定義である。雑穀ブーム以

図2　さまざまな雑穀

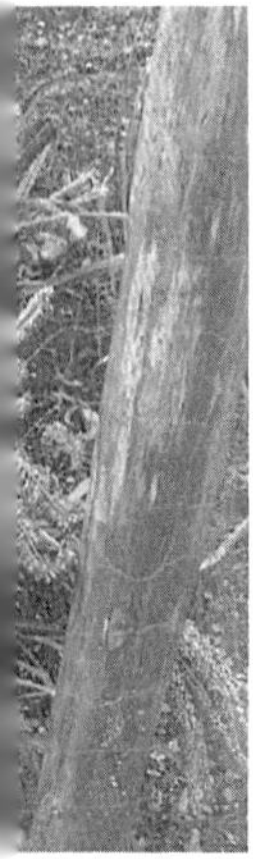

モロコシ（山梨県丹波山村）

粟（山梨県小菅村）

シコクビエ（山梨県小菅村）

ハトムギ（山梨県小菅村）

黍（岩手県遠野市）

来、各地で雑穀が栽培され、食されている状況のなかでは、かならずしも、この定義とは限らない。雑穀のなかには、日本人に親しみ深いダイズやアズキなども雑穀としている人もいるし、大麦・小麦も雑穀の一種とする考え方もある。大麦・小麦が農学的な雑穀の定義に含まれないのは、麦類が冬作物だからである。また、蕎麦はイネ科植物ではなく、タデ科植物であるため、やはり雑穀には含まれない。私は、雑穀とはこのように、広範囲な穀物を含む作物と考え、専門的な研究において厳密な意味の雑穀の定義が必要ならば、上記の農学的定義に従えばよいと考えている。なぜならば、雑穀を幾世代にもわたって栽培してきて、自分たちの食料にしてきた農家の人たちは、麦類もダイズもアズキも蕎麦もいっしょに雑穀類として扱ってきたからである。私もこの農家の人たちにならって、麦類・蕎麦・マメ類を含めた意味で「雑穀」という言葉を使うこともある。なお、本書では穀物としての「そば」を意味しているときは「蕎麦」と表記し、蕎麦を材料とした食品を意味しているときは「ソバ」と表記した。

歴史的意味を付与された「雑穀」

さて、拙者『雑穀の社会史』（吉川弘文館、二〇〇一年）の刊行以後、「雑穀」という言葉がいろいろな意味で取り上げられて話題になった。たとえば「雑穀という言葉は蔑視の意味を持っているから、使わない方がいいのか」、「〝雑〟とつく言葉は雑誌、雑用、雑巾等々とあまりよい意味を持っていない」、「〝雑〟とは多様なという意味もあるから、雑穀に適している」とか、さまざまであった。私は、言葉はその時代、その時代によって意味を持っている場合があり、また、地域によってもちがう場合がある。「雑穀」という言葉も、歴史的な意味が付与されており、蔑視された意味を含むことが多かったが、雑穀を栽培し、食料としていた人々は決して蔑視などしておらず、神様に供えて大切な穀物としていたということは、この本であきらかにした。それで私自身は、そのまま「雑穀」という言葉を使っている。要するに、言葉は使う人の心の問題であるのだから、現代において、「雑穀」という言葉をなくそうとしても意味はない。むしろ、歴史的な蔑視の対象となった言葉としても抹消されないほうがいいと考えている。もちろん、「雑穀ブーム」にのって、雑穀食を食べている人たちは、蔑視されていた歴史的な意味などとは関係なく、「雑穀」という言葉を使っているだろうし、それが自然であろう。

木村茂光氏によれば、古代において「雑穀」という言葉はわずかに見えるが、稲以外の穀物一般をさす語句と考えるには明確な確証がないという。すなわち、私たちが意味するところの粟や黍・稗などの米以外の穀類をさしているかどうかは不明瞭だというのである。

そのことは、畑に雑穀栽培が行なわれなかったということを意味しているわけではない。戦国時代ころから「雑穀」の使用例も多くなり、近世農書などにも見られるが、「雑穀」よりも「五穀」という語句を使う例が多いという。

なぜ、雑穀は蔑視されたのであろうか。そこには米が関係していると考えられる。

米と雑穀

豊臣秀吉によって行なわれた検地と石高制《こくだか》は、日本に物の価値基準を示す尺度を示したという点で、画期的な土地と税制であった。しかも、近世のみならず、検地と石高制を廃止した後の明治時代以降の近代にまでその価値基準が残滓《ざんし》した点でも類を見ない制度であった。すなわち、石高制によって米の収穫高が水田・畑の価値を決定し、水田の収穫物である稲（米）は武士層の給料となり、巷にあっては最高の商品になった。すべては米を基準に考えられるようになった。現在でも、米一升いくらの時代に日給がいくらであった、という話を聞くが、これも米を基準にした換算である。一方、上層階層では日々の主食となり、「米を食う」ことが幸福の指標となり、至福の食料となった。しかし、すべての日本人が米を主食にしていたわけではない。たとえば、近世の江戸の町でも、庶民の食料は粟や稗・麦類が中心であった。大きな町場の市では、毎月の一日には穀物相場が発表されていた。天保《てんぽう》十五年（一八四四）四月に江戸の近郊八王子の相場に挙げられた食料は、米・大麦・小麦・蕎麦・大豆・小豆・粟である（『公私日記』第一五冊、東京都立川市教育委員会、一九七七年）。日本人にとって、米を食べたい、という米志向は食味という点だけではなく、身分的上昇志向と結び付いたものとして考えられていたのである。「米を食べている」人々へ羨望と限りない上昇志向のおりなすものが「米」であった。近代になっても、現金収入さえあれば、米を食うことは可能であった。「米は羨望」の食料であったことによって、粟や稗や麦類などとの差別化を生んだ。この差別化は、粟や稗などの雑穀を食う人たちよりも、米を食う人々のなかから生まれた。米を食う人々とは、町場の人たちや村の外から山や工事などの仕事を求めてきた人たち、逆に、出稼ぎに外の世界に行った村の人たちである。出稼ぎの人たちは外の世界にあった米の飯の味を知り、「米を食う」ことへの志向を強めた。それは「米を食う」ことは「貧乏からの脱出」でもあった。すなわち、「米を食う者は金持ちで、雑穀を食う者は貧乏人」という固定観念が生じてきたのである。

ここに米にたいする優位性と雑穀にたいする劣位性が生まれ、差別化、蔑視される穀物へと変化していった。

本書では、広く米食習慣が普及するなかで、雑穀をどのように栽培し、食し、大切にしてきたかをあきらかにしていきたい。あわせて、雑穀と称されるさまざまな食材が、現代社会で健康食の一つとして見直されてきた過程を見ながら、その意味を考えていきたい。

なお、神事を中心にした祭祀を意味する「まつり」は、「神祀り」「祀り」と表記することが多いが、時に応じて「祭」と表記した。

雑穀を食べる

現代医学のなかの雑穀

五穀御飯の病院食

東京の御茶ノ水《おちゃのみず》駅に近い杏雲堂《きょううんどう》病院は、病院食に「五穀御飯」を取り入れている。五穀御飯は米・粟《あわ》・稗《ひえ》・黍《きび》・白ゴマ・黒ゴマの入った飯のことで、四種類の穀物に、二種類のゴマが入っている。平成十七年（二〇〇五）の四月から九月までの献立を見ると、五穀御飯は病院食のなかでも常食メニューに一週間に二回から三回、ときには四回ほど提供されている。常食メニューは特定の食事制限のない病人に提供されるもので、食事療法や食事アレルギーの病人食とは区別されている。しかし、このような特定の食事制限のある人でも、希望すれば選択メニューによって食べることができる。

五穀御飯にはいくつかのバリエーションがあるので、紹介しよう。

五穀ピラフ・大豆五穀御飯・五穀生姜《しょうが》御飯・五穀蟹御飯・五穀ターメリックライス・五穀豆御飯・五穀モロコシ御飯

副食にも五穀根菜テンプラと称して、てんぷらのころもに五穀を取り入れたり、デザートに五穀紅茶マフィンも提供したりしている。マフィンは雑穀がなかなかふくらまないので、試作を何度も繰り返し行ない、提供できるようになったという。五穀御飯の次の献立試作にはパエリアの計画もある。さらに、マメ類を多く献立に取り入れたいので、マメ類の御飯も考慮したことで、五豆御飯・豆豆ピラフ・豆豆赤飯・豆豆御飯と、そのバリエーションも豊富になった。副食にマメ類を取り入れることもあり、その代表例が大豆コロッケである。

こうした五穀を取り入れた献立の評判は、男性には敬遠されるが、女性には喜ばれている。五穀御飯を気にいった人は退院して家で作ることもある。一週間に三回を基本にしているが、希望すれば毎日食べることも可能である。

沖縄から学んだ五穀御飯

杏雲堂病院で病院食として五穀を取り入れたのは榎本眞理栄養科長である。そのきっかけとなったのは昭和六十一年（一九八六）ごろに沖縄に研修に行ったときである。沖縄本島の北部の村や島で食べた御飯は粟や黍の入ったもので、経済的に恵まれない状況下であったため、粟や黍を米の増量材として用いていた。しかし、沖縄の人たちは、「貧しいことは貧しいなりに」東京から研修に行った人たちをありのままの姿で受け入れてくれて、みんなが食べている雑穀の飯を振舞ってくれた。榎本さんは帰宅してから、沖縄で食べた雑穀の飯を食べたい、と思い、家で試みた。しかし、年老いた両親には、「雑穀は貧しい者の食物」という先入観のせいで、「絶対嫌だ」と反対された。そのため、両親でさえ反対する雑穀を病院食に取り入れることは「豊かになった日本では無理だ」と思い、雑穀食を使うことを諦めていた。あるとき、あるビール会社から「五穀ビール」が発売され、これに発奮して「五穀御飯」を病院食に取り入れることに取り組んだ。病院食として五穀御飯を実際に提供できるようになったのは、平成九年ごろからである。「日本人として、栄養士をしながら、穀物に感謝するのを忘れている。日本全体でいえば、米の使用量も減り、パンやスパゲッティなどの消費が増える時代になった。主食が何であるかわからないような状況にあり、栄養も取れていない現在の社会になってしまった。沖縄の人たちの食事をいっしょに食べてから、雑穀の栄養的な分析をして、よい結果が得られたので、一見、豊かなことだと思えるような都会の食事ばかりがいいこととは思えなくなった。そのことを気付かせてくれたのが沖縄の粟や黍の入った地元の人たちの五穀飯であった」。

ところが五穀御飯に挑戦する段階で、思わぬ事態にぶつかった。雑穀を手に入れようと、米問屋に相談したところ、粟だけは手に入るが、他の雑穀は無理なので、鳥の飼料問屋さんに聞いてください、という返事であった。粟以外の雑穀は鳥のえさとして市場に出回っていたにすぎなかったのである。米問屋であつかっていない穀物を、小鳥屋であつかっているからといって、それを病院食に使うわけにはいかず、農薬などの問題もあるので、粟だけを入手し、アズキとかクロマメ・白ゴマ・黒ゴマを入れて、五穀御飯にした。米や粟・麦などをブレンドしてセットにされたものを購入したこともある。さまざまな試行錯誤を経て、現在では岩手県の花巻農協と年間契約して粟・稗・黍を手に入れ、雑穀主体の五穀御飯にすることができ、病院食として提供している。

雑穀の栄養素という点からいえば、亜鉛・銅・鉄分などの微量栄養素があるので、病気の人のためにはとてもよい。とくに、杏雲堂病院には癌患者も多く入院しており、免疫力を上げる亜鉛を含む雑穀は、病院食には最適である。数年間、試作を繰り返して行ない、病院食として定着させてきた。五穀御飯を取り入れた最初のころは、患者にはパサパサした御飯で嫌だ、と不評であったが、体にいい、免疫力が上がる、ヘルシーなご飯、といった栄養素のことを患者と話をすることで、患者も次第に受け入れるようになっていった。とくに、亜鉛を含んだ食品は少ないし、そのサプリメントもない時代であった。

榎本さんの基本的な食物への姿勢は、地域に育った作物や植物を食べることがもっともその地域の人たちの体に合い、健康を維持してくれる、というところにおいている。また、病気の人は、手術後の栄養についても、点滴による栄養剤や経腸剤より患者自身が口から摂る食物によって回復機能も高まる。それは医者の力だけに頼るのではなく、病人自身の力で生きることになるからだ、という。

榎本さんの雑穀にたいする姿勢と考え方は、現代医療の現場から培われたものであり、それゆえ、多くの示唆に富んでいる。ここでは二点に挙げておきたい。

第一に、患者自身が口から食物を自分で食べることの意味である。雑穀の話ではないが、食べるという人間の基本的行為のあり方を考える上で大切なことなので、紹介しておきたい。

第二に、雑穀そのものの栄養的価値についてである。これは後述する。

自分の口から食物を摂る

医療の観点からいえば、点滴による栄養剤や経腸剤のほうが効率よく必要な栄養素が摂れてよい面があり、また、効率という点ではなく、経口摂取できない患者や手術直後の栄養補給は点滴などに頼らざるを得ない。

これは必要な医療行為というべきであろう。しかし、一定程度の体の機能回復が見られた段階では、点滴などの人工的栄養補給よりも、患者自身による口からの食物を摂ることがもっともよいと榎本さんは考えている。体の機能回復につながることでもあるが、何よりも患者が自分の力で生きようとすることになるからだという。ここでは食物を食べることは、体を養うという役割以外の人間的な営みを見ていることになる。口から食べることが患者の生きる力を引き出すのである。

このような考えは、榎本さんの独自の考えではなく、医療に携わる人たちによって、近年、提唱され始めたことである。たとえば、長野県の病院の病院食を紹介したテレビ番組（49チャンネル　二〇〇六・一・三）によれば、「点滴をするよりも、口から入れて胃や腸を通した方が、免疫力が上がる」「口で噛んで、あごを使うと、脳の活性化につながる」という。また、癌研究会有明病院の話として、患者の体に「点滴から栄養剤を流し込むのは簡単だが、胃腸が衰弱し、免疫力も低下する。ところが、胃腸に食物を入れることで、傷の治りも早くなり、免疫機能も活性化することが、日米の研究でわかってきている」というのが現状である。こうした考えの基本には「闘病中の患者においしいものを食べてもらいたい」という考えで、これは「医学的にも理にかなっている」というのである（「いい病院　がん総合編」『週刊朝日』二〇〇六・一・二〇）。おいしい食物を食べることが「医学的に理にかなう」から、免疫力の向上や傷の治癒に役立つということであろうし、体の各器官を使うことが他の器官の機能活性化になるのであろう。食べるという行為は不思議な作用を人間に及ぼしているようである。「おいしく食べる」という食の原点の見えざる不思議な力とでもいおうか。

さまざまな病気と向き合い、治療をする患者を見守る現代医学は、体を養うべく栄養を取り込んでいくことが、たんに栄養剤を体内に入れればよいということではなく、栄養の摂り方も人間的な営みの次元で考えられてきたといえよう。

ここまで考えてくると、健康な人が使用するサプリメントの存在が気になってくる。なぜなら、重症な癌患者でさえ、口から食物を摂ることが機能回復や治癒への一歩になり、しかも、人間的な食べる喜びにつながるとするならば、健康な人もまた、同じく体力・疲労回復のためにサプリメントを飲むことよりも、口から直接食物を摂取していくことが、あごを使うことで脳を活性化し、胃腸も活性化し、免疫力が高まるのであれば、健康的なのではあるまいか。さらには、人間の本能的な食べる喜びもそこにあり、生きる力がわいてくるものであろう。食べることの喜びを感じられる日々があってこそ、健康的な暮らしなのではなかろうか。一瞬にして飲み込んで栄養補給をしてしまうサプリメントは、同じ栄養素を含んでいたとしても、口から食べることで得るさまざまな力を捨てているようなもので、あまりにももったいないと思うのである。

雑穀の栄養的価値—予防医学の観点から

雑穀の栄養学的・医学的価値は、臨床医学として数十年前から証明されてきた。岩手県の鷹觜《たかのはし》テル氏や山梨県の長寿村として有名な棡原《ゆずりはら》（現、上野原市）の古守豊甫《こもりとよすけ》医師による仕事である。しかし、十分に評価されないままに、数十年が経ち、今日の「健康食ブーム」に触発されたように見える雑穀の栄養観が突然注目されてきた。だが、作物の栄養的研究は数年で成果を出すという短絡的な研究では成り立たないはずである。雑穀の持つ栄養にたいする研究が地道に各地で行なわれてきたことも事実である。ただ、中央のマスメディアや一般の人には注目されなかっただけである。

表1　穀物栄養成分比較表

	粟	稗	黍	モロコシ	アマランサス	ハトムギ	精白米
エネルギー(kcal)	364	367	356	364	358	360	356
水分(g)	12.5	13.1	14.0	12.5	13.5	13.0	15.5
タンパク質(g)	10.5	9.7	10.6	9.5	12.7	13.3	6.1
脂質(g)	2.7	3.7	1.7	2.6	6.0	1.3	0.9
炭水化物(g)	73.1	72.4	73.1	74.1	64.9	72.2	77.1
カリウム(mg)	280	240	170	410	600	85	88
カルシウム(mg)	14	7	9	14	160	6	5
マグネシウム(mg)	110	95	84	110	270	12	23
鉄(mg)	4.8	1.6	2.1	2.4	9.4	0.4	0.8
亜鉛(mg)	2.7	2.7	2.7	1.3	5.8	0.4	1.4
ビタミン B_1(mg)	0.20	0.05	0.15	0.10	0.04	0.02	0.08
ビタミン B_2(mg)	0.07	0.03	0.05	0.03	0.14	0.05	0.02
食物繊維総量(g)	3.4	4.3	1.7	4.4	7.4	0.6	0.5
精白歩合(%)	70〜80	55〜60	70〜80	70〜80	玄穀	42〜45	90〜92

（出典）『五訂日本食品標準成分表』をもとに作成。
（注）精白品の可食部100g当たりの成分量。

先述した榎本眞理さんによれば、雑穀は亜鉛・鉄分・銅などの微量栄養素が他の穀物よりも多く含まれるという。このことは表1の穀物栄養成分比較表によっても明確である。

岩手大学農学部の西澤直行氏は、雑穀の成分は、米と比較してたんぱく質・ミネラル・食物繊維の含有量が多いとし、粟・黍・稗の機能性を次のように指摘している。

粟は動脈硬化症や糖尿病、肥満の改善・予防に役立つ（韓国産粟による実験結果）。

黍は動脈硬化症の予防・軽減化、悪玉コレステロールの酸化抑制、血栓防止の役割がある。さらに、肝障害においては血中の酵素によい影響を及ぼし、肝臓保護の機能があるとしている。

稗においては、血中のコレステロールを顕著に低下させる機能がある。黒稗では糖尿病の血糖値低下が認められ、また、アレルギーにたいする効果も示唆できる（西澤直行「雑穀アワ、ヒエ、キビの健康機能研究と雑穀食品の開発・事業化」『食の科学』三二六、二〇〇五年）。

日本では新しい雑穀として栽培され始めているアマランサスも、大阪市立大学や信州大学の研究者たちによって、その成分と医学的な研究がなされ、コレステロールや糖尿病にたいする効果が認められるという（小西陽太郎・根本和洋「アマランサスの機能性と食品特性」『食の科学』三二六、二〇〇五年）。いずれも実験結果として、医学上の検査に対応する専門的なデータを上げて論証したものである。近年、こうした研究は各大学や研究機関で行なわれるようになっている。

こうした雑穀にたいする実験・研究により、粟・黍・稗の健康機能があきらかになり、医学にも活用され、また、一般の人には雑穀そのものを食べることで、予防医学の一助になっていくことであろう。

雑穀の栄養観

昔、青森県や岩手県の村では、米の飯をオトコメシといい、稗や蕎麦の飯をオンナメシといった。これは女性たちにはまずい稗や蕎麦の飯を食べさせ、男たちは味のよい米の飯を食べる習慣を意味していた。江戸時代からそのような習慣があった。オトコメシ・オンナメシとはいわないが、雑穀の食品は女が食べ、米を食べるのは男と決まっていたのは全国的に行なわれたことであった。しかし、青森県や岩手県のオンナメシを食べていた女たちは、男たちと同様な重労働をしても、オトコメシを食べていた男たちよりも長命であった。これは雑穀の栄養的価値が解明されない時代には不思議なことと考えられ、第二次世界大戦後になっても、女たちの長寿の秘密はどこにあったのか、と栄養学の人たちも疑問を解くことができなかった。雑穀が米に勝る栄養源であるとは考えられなかったからである。

経験的に、雑穀を食べているものは力が出て、重い荷物をかつぐことができる、あるいは、乳飲み子を抱えた若い母親は稗を食べたときは母乳がふんだんに出る、雑穀を食べていると年老いても顔色がよいといった知識が語られてきた。雑穀の栄養成分によって、その栄養的価値を認めた最初の研究は、昭和二十年代に岩手県全域の実態調査をした鷹觜テル氏であろう。そして、もっとも長命な地域の食事は、雑穀・野菜・小魚のセットメニューであるとした。ここでは雑穀だけではなく、野菜と小魚とのセットであることが注目に値する。山梨県の古守豊甫医師も臨床医学の立場から雑穀食と長寿の研究をし、食事が及ぼす長寿と短命について言及した。

しかし、つい数年前までは米よりも雑穀のほうが栄養がある、とは信じがたいことであった。現在は、「雑穀は健康食」というブームにのって、西澤直行氏のような地道な研究が注目され、また、医学界でも雑穀の栄養について認識されるようになったことで、雑穀にたいする栄養観は、まさに脚光を浴びている状況である。病院食として雑穀が用いられているのは先述した杏雲堂病院だけでなく、各地で取り組んでいるという情報もある。また、岩手県では、岩手県立軽米《かるまい》病院で病院食として、二戸《にのへ》市の小中学校・保育所の給食にも取り入れられている。雑穀にたいする栄養観がようやく見直され、そのおいしさも含めて正当に評価されて、家庭だけではなく、学校給食や病院の食卓にのぼるようになった、といえよう。

雑穀が高い商品価値を呈してきたのは、数年前からの「健康食ブーム」「雑穀ブーム」が契機になっているが、「雑穀食ブーム」は、「肥満をふせぐ繊維質の食物」という簡単明瞭なキャッチフレーズで表現されたことが、都市部の若い人や女性たちに受け入れられた要因である。一方、細かな微量栄養素がそれぞれ体の各器官に有効な効果があるという医学的な研究も行なわれてきたが、食品としてなかなか注目されることが少なかった。少数の医療関係者、栄養学・農学などの人たちによって長年の地道な研究が継続されて現在に及び、病院食や学校給食に用いられるようになったといえよう。いずれにしても、雑穀自身の持つ栄養的な特徴や食味にたいする評価が基本にあり、たんに「雑穀食ブーム」に終わらない将来性を見通す穀物になったといえよう。

稗を食べる――岩手県北上山地の例

「家では稗飯、山さ行けば米の飯」

二十一世紀に入ってまもない現在、雑穀王国として全国一の雑穀生産をしているのは岩手県で、岩手県農業研究センターを中心にした指導により岩手県全域で取り組んでいる。粟《あわ》や黍《きび》・稗《ひえ》など旧来の雑穀はもとより、アマランサスなどの新しく移入された雑穀の栽培も行なっている。ことに、他の地方では見られなくなった田稗《たびえ》を、休耕田《きゅうこうでん》で栽培していることは、休耕田の積極的な活用という点で、現代の稲作農業のあり方に一石を投じるものといえよう。田稗はもともと、水田に栽培される稗のことであるが、寒冷な年によっては稲が冷害で被害を受けた後に稗を植えて食料確保をしたことは、近世の南部藩においても、明治時代においても行なわれていたことであるから、減反《げんたん》政策による休耕田の活用という点できわめて有用な施策であった。岩手県稗貫《ひえぬき》郡大迫《おおはさま》町（現、遠野市）の農村地帯を歩くと、稲作による緑の水田に混じって濃緑の田稗の水田が見られる。青々とした二色のモザイク状の水田風景である。また、岩手大学などの研究機関では地域の生産者とタイアップして、雑穀の栄養的な研究（雑穀の機能性という）も行なわれているし、学校給食にも雑穀食を取り入れて、地元を基礎にした雑穀普及を実施している。他の地域への販売も盛んで、岩手県産の雑穀は、都市部のデパートや著名なマーケット・生協で人気があり、「岩手県の雑穀」としてブランド商品になっている。

以下に近代から昭和三十年代までの雑穀の様相を提示し、日本の伝統的な穀物である雑穀の食べ方を紹介しよう。

岩手県において粟や黍など数ある雑穀のなかでも、近世・近代を通じて、稗は抜きん出ている穀物であった。稗が抜きん出ているといっても、北上山地《きたかみさんち》といわれる山間の地域と軽米町のような岩手北部の地域では稗の生産状況は異なっていた。面積が全国一広い岩手県なので、地形も気候も一様でなく、稗の生産はさまざまな様相を呈していた。その食べ方ともなると地域性と歴史性を持っていて、豊かな雑穀の食文化ができ上がっていた。

岩手県の霊峰早池峰《はやちね》の東山麓に位置する川井村江繋《えつなぎ》の中村徳二郎さんは、明治四十二年（一九〇九）に生まれて六年間の義務教育が終わったら、すぐに「山稼ぎ」といわれた山林業の手伝いに従事し、以後、人生の大半を山稼ぎで暮らしてきた。中村さんが口癖のようにいうのは、「家では稗飯《へーめし》、山さ行けば米の飯」という言葉である。自分の家で食べる飯は稗と粟と大麦のヘーメシ（稗飯）であったが、山に稼ぎに行って手間取り（賃金労働者）になれば、白米に少しの押し麦を入れたコメノメシ（米の飯）が食えるのだ、という意味である。小学校を卒業した男の子は、山稼ぎをしている親の手伝いをしながら仕事を覚え、一人前の山稼ぎになっていった。山稼ぎをすることで、家にいれば食えない白米の飯の味を覚えたわけである。大人のまねをして、子どものうちから「俺も」「俺も」と白米の味を求めて山に入ったのである。中村さんの「家では稗飯、山さ行けば米の飯」という言葉は、子どもの時からいい続けてきたこの地域の米食にたいする憧れの言葉であった。

北上山地に位置している久慈《くじ》市の山根六郷《やまねろくごう》のある集落は、斜面にうねるように畝《うね》を切った畑がある村で、水田はなかった。しかも高冷地のために作物生産には不向きの地であった。山林が多いので、全戸が製炭で生計をたてていた。昭和三十年代になると、米を購入してふだんにも食べるようになるが、それ以前に米を食べる日は決まっていた。年越しの夜（大晦日）と正月の朝、それに盆の二日間であった。米だけの飯を、とくにコメノメシと呼ぶが、この三回の他には「死にそうになったら、米のお粥を食べられる」というときである。コメノメシを正月や祭・盆の年三回食べる習慣があったのは全国的に見られることであったし、死に際に枕元で竹筒に入れた米を振って、元気を出させようとした話も全国に伝わっており、そのことを「振り米」といったので、岩手県特有のことではない。

では、米を購入する以前の飯はどんなであったろうか。稗をシェと呼ぶが、この稗と大麦が常食で、それも「ムギが少ししか入っていないのが本当だ」という。稗中心の飯に大麦を少し入れ、野菜をたくさん入れた飯であった。だから、この飯を「ムギカテメシ」という。大麦もカテなのである。カテ（糧）は「かてて加えて」という言葉があるように、加えて増やす意味がある。つまり稗にたいする増量材である。ある家では二町の畑全部に稗や麦を作らないと、家族が食えなかった。家族といっても、老夫婦・親父夫婦・息子夫婦・弟夫婦という具合に四夫婦が同居し、その子どもたちもいたので、一所帯が十二、三人家族などは珍しくなかった。この家族全員を食べさせていくことは容易でなく、朝食を炊くにも三升鍋であった。山根六郷にはカマドワタシという習俗があった。これは、息子夫婦が一家の中心になって家を守っていけると判断した親夫婦が、息子夫婦に家計を渡すことであった。年越しの晩にするものであった。昭和二、三十年代まではこうして世帯を譲る習慣であった。次に述べる山形村も同じ習俗があり、ここではヘラワタシといった。ヘラワタシをされた嫁は一家の飯のしたくを任されるのであるが、当然、家計全体を見わたしながらの所帯の切り盛りを意味していた。都市部における核家族が当たり前の現今では、とても考えられないような十二、三人家族の所帯を維持する苦労は並たいていではなかった。まして、「物あまり現象」とまでいわれる現代の消費社会とちがって、物そのものが不足しがちの世の中であったから、カマドワタシ・ヘラワタシをされた方がいいのか、姑《しゅうとめ》が所帯を握っていた方がいいのか、と嫁は迷うこともあったらしい。

農神様に稗のシットギを供えて

山根六郷の隣村の山形村霜畑（現、久慈市）も畑ばかりの村であった。昭和三十五、六年に開田してから、米飯を食べるようになった。畑作の中心は稗（夏作）で、大麦（冬作）・大豆という二年三毛作が基本的な輪作で、これを畑を換えながら毎年作った。間作に粟やタカキビ（モロコシ）・蕎麦・ジャガイモなどを作った。大豆は換金作物の第一で、収穫期になると業者が買い付けにきた。ふだんの主食の中心は稗で、これに大麦を混ぜた。硬い大麦はそのまま稗に混ぜて炊くことはできないので、丸麦をあらかじめ煮ておいてから、稗を炊くときに混ぜた。稗飯は稗と大麦が半々であった。それをムギガテともいうので、大麦は稗飯のカテであるという意識があった。これが弁当を作ることになると、少しの米を入れて「米がカテだ」ということになる。

日々の飯が稗飯であったのに比べ、暮れから正月にかけては同じ雑穀中心であっても様相が異なってくる。

「十二月は神様のトシトリの日」だといって、毎日のようにトシトリ（年取り）の日がある。

図3　豆シットギ（岩手県川井村）

十二日は山の神様のトシトリなので、豆シットギ（豆シトギ）を上げた。ある家では十五日に八幡様に稗で作ったオシットギを生で上げた。十九日はソウゼンサマといって大豆を上げた。同じ稗のオシットギでもトシコシ（年越し）には焼いて農神様に上げるものだといわれている。シトギは稗でも大豆でも粉にしてこねて、平たい形に作ったものである。

これは団子と違い、神様に上げる食品であった。ここではシットギと呼ばれているが、全国的には、シトギ・オカラク・カラコ・シロモチなど、各地それぞれの呼び名がある。

コメノメシの食える日

トシトリの晩になると、家族の人数分の膳を作った。コメノメシを中心に、小麦粉で作ったマメブ、ニンジン・ゴボウ・ホンシメジ・カンピョウを使った汁物、それにダイコン・ニンジン・ゴボウ・キノコ・焼き豆腐の煮しめ、魚として鱒《ます》か鮭、ダイコンとニンジンの鱠《なます》という正式の膳であった。

「正月になったら餅が食える」と以前から楽しみにしていた正月になると、栗餅の雑煮を食べた。この雑煮は、スマシ仕立てのもので、味噌を沸騰させて布でこしてとったスマシである。スマシはこのように正月などの正式のときにしか使わない上等な調味料であった。ダイコン・ニンジン・ゴボウを刻んで入れたスマシに、糯粟一〇〇％で搗《つ》いた粟餅を丸く丸めて入れたのが雑煮である。その粟餅は直径が五、六チセンほどもあるものだった。

正月の年神様に上げたお供えも、糯粟一〇〇％の餅を三段に重ねたものであった。小正月もミズキ団子にさす餅も粟餅であった。正月は元日だけでなく、三日・五日・七日・九日・十一日は「餅が食える日」であった。そして、十一日は、餅もなくなるので、「一つ食い」だといった。この日は餅を食べる最後の日なので、他のものは食べずに餅だけを食べたことをいったものである。ある家ではこの日のために、粟は一〇キロほど毎年用意したという。

それにしても、「正月は餅が食える日」というだけあって、餅責めの日々のように見えるが、当時の農山村における最大のご馳走が「餅」であったことを考えると、正月の楽しみが餅に凝縮されていてもおかしくないのである。私が幼少期に過ごした奥会津地方も餅は最大のご馳走で、正月に若者たちが集まって、餅を何枚食べたと自慢しあっていた記憶があり、「俺は二十枚食べた」といって自慢していたが、餅の大きさたるやハガキ大のものが普通であったこともあって、この話は忘れられないのである。北上山地ばかりでなく、娯楽もなく寒い冬を過ごす正月の「餅の食い比べ」があってもおかしくない。

ただ、水田のない北上山地の餅は、お供えにも雑煮にも、他にクルミなどで食べる餅にも糯粟一〇〇%の餅であった。これは昭和三十五、六年に水田ができて米の取れるまで続いていた。このことは、先述した山根六郷でも同様であった。同じ水田のない山間の村東京都檜原《ひのはら》村あたりでは、もっと早い時代から正月用に米を買って粟や稗に混ぜて粟餅・稗餅にして年神様にお供えにしていた。

ここで興味深いことは、正月には粟餅一辺倒のような毎日を送るが、十二月の神様のトシトリには稗や大豆のシットギにしていることである。当地域においては、糯粟は上等な穀物であり、粟餅はご馳走の食品である。そのため、正月に年神様に供えたり、家族で食べたりするわけで、農の祝いというよりも、一年中におけるハレの日のご馳走という意味があるのではなかろうか。一方、ふだんに食べる稗は命を支える大切な穀物である。だからこそ農神様に稗一〇〇％のオシットギを供えたといえよう。稗のシットギは農の営みを神にたいして祈る村人の姿が映し出された食品といってよい。ハレの日のご馳走になる粟の食品と、農の祝いを意味する稗の食品の違いが見え、それは農家の人たちが持っている年神様と農神様への心持の違いを表しているものであろう。

川井村の三穀飯

霊峰早池峰山の北麓にある川井村川内《かわうち》も畑に頼る村であった。ここで生まれ育った佐々木ハツさんは、現在黍や粟・トウキビ（モロコシ）を栽培して、直売所で販売している。子どものころの飯は稗三に、大麦一・五、米一の割合の稗飯だった。これをサンゴクメシ（三穀飯）ともいった。稗飯は朝、一日分を鍋で炊いておいて、朝食・昼食に食べた。春先に味噌を造るとき、大豆を煮た汁をゴトといい、それを稗飯にかけて食べるとおいしかったという。夕食は稗飯が残っていれば、それを食べ、他にヒッツメ（小麦食品）・ソバモチ・おから団子・ソバガキ・カボチャなどを食べた。とくに穀物の飯とは限らなかったのである。トウキビはまんじゅうにも作ったが、団子にすることが多かった。団子にして黄《き》な粉《こ》を付けたり、小豆の汁に入れたウキウキ団子にしたりして食べた。ウキウキ団子とは岩手県の各地で作られるもので、小豆の汁のなかに浮かんだトウキビ団子の風味が独特である。

米だけの飯はソンズラメシといって、やはり大晦日の晩と盆にしか食べられなかった。ふだんに食べる稗飯は、家で食べるだけでなく、学校に行くとき、昼飯におにぎりにして風呂敷に包んで腰に結び、持っていった。稗飯は昼に食べるころには冷えてしまい、ボロボロになって食べにくかった。

川井村の正月に食べる雑煮も、味噌を沸騰させてから漉《こ》して作ったツユに粟一〇〇％の餅を入れたものである。お供えは神棚には三段重ねの、仏様には二段重ねの粟餅を上げた。小正月の十六日にはお寺さんに二重ねの粟餅を届けた。現在でも継続して行なっているが、餅は米の餅になった。お寺さんでは、粟の小豆餅や煮しめ・鱠・漬物という四つの皿を膳に盛り付けて、一人一人に食べさせてくれた。お寺さんとの小正月の餅のやり取りもまた、粟餅が重要な役割を担っていた。

軽米町の雑穀食

軽米町に住む昭和七年生まれの波柴スエさんが結婚したのは昭和三十年ごろのことであった。その当時の飯は米が七割、稗が三割の飯で、水田も畑も十分に耕作していた。タバコ栽培が換金作物で、他には水稲・小麦・稗・大豆・蕎麦・小豆・糯粟などが主な作物であった。このうち、小麦と稗と大豆は農業協同組合を通して販売した。

前節までに述べてきた山根六郷と山形村は畑作の多い地域で、稗・大豆・大麦が主穀であったが、軽米町は水田があり、米が取れること、畑作では稗と大豆・小麦が主穀で、日々の食料にもその違いは顕著である。山根六郷や山形村で「ムギ」といえば大麦のことであったが、軽米町では大麦はあまり作らず、「ムギ」といえば小麦のことをさしている。その小麦と、稗・大豆が換金作物でもあった。毎日の飯に稗を入れても三割であり、「ヒエメシ」とはいわなかった、といい、「ヒエメシは稗一〇〇％の飯のことをいう。それは食べたことがない」と波柴さんは語っている。同じ岩手県、しかも、隣接する町村であるのだが、それほどまでに違うのである。朝食や昼食・夕食には稗を入れたご飯を食べ、間食やご飯が不足した夕食にはカマスモチ・ムギノモチ・ヒッツミ・バットウ・カッケなどの小麦食品、ソバモチなどの蕎麦の食品、ジャガイモ・カボチャなどを食べた。何といっても特徴的なのが小麦食品で、多彩な食品にして食べている。カッケは蕎麦粉でも作るが、ヒッツミとともに汁物の一種といってよい食品で、寒い北国の冬の夕食には最適で、とてもおいしい食品である。カマスモチやムギノモチは農繁期の間食〝コビリ〟に食べるものであったが、クルミ・砂糖味噌・ゴマ味噌など餡《あん》に工夫を凝らしており、現在、直売所での人気商品になっている。

蒸し稗

稗は収穫したら、そのまま脱穀（穂から籾粒を落とす作業）・脱稃《だつぷ》（籾粒の殻を取る作業）して、穀物の実になったところで食べることもできる。しかし、稗は脱稃をする作業のときに量が減り、毎日大量に食べる穀物だけにもったいないので、量を減らすことのない加工をした。これが蒸し稗で、パーポイル加工ともいう。

秋の彼岸ごろが稗の収穫期である。刈り取った稗は、束にして、スマダテといって、畑に立てた。それをヒエシマと呼ぶが、地元の人は、ヒエシマは兵隊さんが立っているようだ、と表現した。このようにして乾燥させ、家に持ち帰った。その後は脱穀・選別作業を行ない、貯蔵した。要するに、貯蔵は殻を付けたまま行なったのである。

貯蔵するには二通りのやり方があった。一つは火乾し稗といわれ、各家の炉の上に棚を作り、稗を棚に載せて乾燥させるやり方である。また、野外に専用の小屋を造り、そこで

図4　ヒエシマ（岩手県軽米町、飯村茂之氏提供）

大量に乾燥させる家もあった。もう一つの方法は、稗を蒸して貯蔵する方法である。これは春と秋に大量に蒸して一年分を加工した。蒸した稗はムシロの上に広げて天日乾燥させた。いずれにしても、大量の稗を蒸し、乾燥させるため、作業に人手を要したので、一家総出で行なう仕事であった。これも隣近所の家同士が共同作業でする場合もあった。

山形村では火乾し稗をヒボシといい、蒸し稗をオモシと呼んだ。山根六郷では前者をヒボシ、あるいはシロムシといい、蒸し稗をクロムシといった。

火乾し稗にしても、蒸し稗にしても殻のまま加工しているので、食べるときに殻を取る作業をした（脱稃作業）。山根六郷では、ヒボシは殻を取ると歩留《ぶ ど》まりが悪く、経済的でないので、歩留まりが六割の蒸した稗のほうが経済的なので蒸し稗を食べた。味の点からいえば、蒸し稗は味が悪く、食べにくかった。ヒボシの方は味があり、においもいい。

山形村のある家では蒸し稗をオモシッペェともいって、こちらを食べた。いずれにしてもかんたんな作業ではなく、稗を食べるにはいくつか加工作業を経ることが必要であった。稗を蒸すのは、稗を食べる地域、たとえば東京都檜原村や群馬県などでも行なっていた。

南アルプス山麓の焼畑の雑穀——山梨県奈良田の例

焼畑の作物

山梨県早川町《はやかわ》奈良田《ならだ》は昭和二十八年（一九五三）にダム建設が始まるまで焼畑を行なって、雑穀生産をしていた村である。そのようにいっても、焼畑だけで農業を営んでいたのではなく、常畑でも農業を行なっていた。おいおい述べるが、この焼畑と常畑の両方で作物を栽培していく方法は、なかなかよく考えて編み出された、地元の人たちが永年にわたって積み重ねてきた知恵の結晶であることがよくわかる。

奈良田集落は南アルプスの農鳥岳のふもとに位置し、現在では登山客が下山したおりに立ち寄り、奈良田温泉で疲れた体を休めていく地区になったが、昭和になるまでは近隣の村との交通は山道しかなく、不便な山村であった。昭和八年から着工された西山林道が昭和十六年に奈良田まで完成し、早川下流域との行き来が可能になり、人と物資の流通が行なわれるようになった。さらに、昭和三十一年に発電用の西山ダムが完成し、昭和三十四年の伊勢湾台風の被害による集落移転もよぎなくされ、奈良田の伝統的な生活は変貌を遂げた。すなわち、焼畑農業は終焉し、常畑による雑穀栽培も終わりを告げた。昭和六十一年に文化庁の委託によって調査したもので、私も参加し、その報告は『焼畑の習俗』Ⅱ、『粟と稗の食文化』に収録されている。

焼畑は山地の木を切り払い、焼いて整地をして作物を作る畑をいい、三、四年作物を栽培した後にその畑を十数年間放棄し、また、同じように木を切り払って畑にした。この畑に植林することも行なわれており、木が大きくなると作物栽培に適さないので、早めに栽培を止め、林地にしていった地域もある。それにたいして常畑は毎年作物を作る畑をいう。

焼畑のことをヤマとかヤマハタといい、常畑をカイトという。ヤマで作っていた作物は粟《あわ》・黍《きび》・稗《ひえ》・蕎麦《そば》・大豆・小豆・ササギ・菜種《なたね》である。粟と大豆は常畑にも作った。常畑には大麦・小麦・チョウセンビエ（シコクビエ）・アカモロコシ（モロコシ）・モロコシ（トウモロコシ）・サトイモ・ジャガイモ・サツマイモ・ダイコン・カブ・カボチャ・ヒダンナ（カブの一種）などの他に、フユナ（冬菜）などの葉菜類、ナス・ニンジン・ゴボウなどを作った。

焼畑では、山を焼いた後に作物を栽培することを原則にするが、秋に木を伐採しておいて春に焼き、種播きをするアラクという方法と、夏に伐採して種播きをするソバノーという方法がある。アラクには、一年目に粟・蕎麦・蔬菜《そさい》類を作り、二年目には主に小豆を作り、三年目に粟を作った後に放棄する。二年目に植林をするので、それが成長するため、四年目以降は作物栽培をしない。ここでは一年分の食料を中心にした粟と蕎麦の栽培を心がけた。一方、ソバノーは短期間に生育する蕎麦を栽培するもので、夏に伐採・火入れ・種播きをして秋には収穫する。二年目になると、粟や菜種・マメ類を栽培し、その後は畑を放棄する。

このように、奈良田ではヤマには粟と蕎麦という主食料と、大豆・小豆などのマメ類、菜種が中心であった。他にはダイコン・ヒダンナ・ジャガイモを作った。ジャガイモは、焼畑が斜面の畑なので土止め《どど》を作っているが、そこにジャガイモを植え付けた。ジャガイモは根が張るので、土止めの部分を補強する役割があるという。

また、粟を作るには粳種《うるちしゅ》の早生《わせ》を作り、糯種《もちしゅ》はカイトで作ったし、黍もヤマで作る場合には風の当たらない場所を選んで作った。これは、ヤマの畑が山の斜面にあり、標高も高いので、山の向きによっては風が強く吹くため、稔りの時期にある黍に影響を与えた。草丈が高い黍は影響を受けやすいのである。また、ヤマに早生の粟を作るのも同じ理由で、風が強くならないうちに稔るよう早生を選び、栽培した。

蕎麦はヤマの作物の中心である。これは日当たりのよいヤマに適した作物で、とくに朝日が当たる場所がよいとされた。

同じヤマに栽培するにしても、それぞれの雑穀の特性を知り、奈良田のヤマの状態、いわゆる自然状況にあわせて選び取った作物とその品種を栽培していたのである。

多彩な雑穀の食べ方

さて、焼畑や常畑で栽培した雑穀はどんな食べ物になったのであろうか。雑穀以外の穀物や雑穀に匹敵する作物も含めてその食べ方を整理したものが、五〇・五一ページの表2である。そのうちの特色ある食べ方や呼称のある食品を記してみよう。

[粟]　粟飯には二種類あって、一〇〇%粟の飯をスアーメシ（素粟飯）といい、粟の他に大麦と米などの三種類入れた飯をミイロノメシ（三色の飯）という。他に小豆・黍なども入れた。粟飯にダイコンを入れれば、ダイコメシになる。米を入れるようになったのは、第二次世界大戦中の配給制度以降のことである。それまではふだんに米を食べることはな

かった。

[粟オコワ]　赤飯のことをオコワという。オコワは強飯《こわめし》からきている名称である。奈良田でオコワといえば、粟オコワか、黍オコワのことである。米を少量入れたもので、赤小豆を入れた。粟オコワは農休み、屋根葺きやムギツキなどの手伝い合いのとき、お七夜など子どものお祝いのときに作った。黍オコワは年二回のエベス講のときに作った。

粟や黍のオコワを作るときに、千突きダイコン（千六本の大根）を入れることもあった。コワメシは蒸したものである。それにたいしてニコワメシとは、蒸すのではなく、煮たコワメシのことである。

[粟餅]　餅といえば、粟餅のことで、糯粟一〇〇％の餅である。正月もこの粟餅で祝った。

[粟焼酎とドブロク]　粟で造ったドブロク、焼酎を造って、一年中飲んでいた。それについては次章で述べる。

[オカラク]　オカラクも粟だけで作った。粳種でも糯種でもよい。粟を細身のコンボウウスと呼ばれる臼と杵で粉に搗《つ》く。粉にすることをハタクといい、オカラク用の粉なので、この作業をオカラクハタキという。粉になったら、臼に水を入れ、搗きながら練る。これを一、二寸の大きさの平たい団子《だんご》に丸めたのがオカラクで、十日夜《とおかんや》に作るもので、神様に

（表２つづき）

赤　小　豆					①				②	①アズキダンス（小豆100％） ②飯・赤飯・ヤキメシ・ニウマシに入れた
白　小　豆									①	①粟飯・ニウマシに入れた

生のまま大枡（甲州枡で、京枡三升の大きさの枡）に入れて供えた。親戚にも配った。十日夜の他には一月十一日のハタケガミの日、子どもの誕生祝いに作った。

[黍飯・赤飯・黍餅・黍のボタモチ]　いずれも粟と同じように用いられるが、ふだんにも儀礼食にも用いられた。ボタモチは黍で作った。エゴマや小豆を付けて食べた。作る日は焼畑の儀礼である山小屋の祝い、春秋の彼岸である。

[稗]　調査当時においても伝承が希薄な作物・食物であり、粟飯などに混ぜて食べたということが知られている。

[チョウセンビエ]　チョウセンビエも稗と同じに伝承が希薄で、粉にして団子や焼餅にして食べたという。

[アカモロコシ]　赤い粒のアカモロコシ（モロコシ）は粘りがあり、団子にした。

以上が奈良田で栽培された雑穀で、五種類ある。日本では、伝統的な雑穀はこの五種類にハトムギを加えて六種類である。現在は

表2　雑穀の食べ方

	飯	赤飯	粥	餅	団子	焼餅	麺	酒	他	材料・その他
粟	①	②	③	④				⑤	⑥	①粟・大麦・黍・小豆・米・大根 ②粟オコワ・ニコワメシ ③粥 ④粟餅(粟100%) ⑤粟焼酎とドブロク(粟100%) ⑥オカラク(粟100%)
黍	①	②		③ ④						①黍飯 ②赤飯 ③黍餅 ④黍のボタモチ
稗	①									①粟・大麦・小豆
チョウセンビエ					①	②				①団子 ②焼餅
アカモロコシ(モロコシ)					①					①団子
米	①		②						③	①飯 ②粥 ③ゴヘイモチ
大麦	①									①飯
小麦					①	②			③	①ご馳走として食べた ②焼餅 ③ウスヤキ
モロコシ(トウモロコシ)						①			②	①焼餅 ②香煎
蕎麦					①	②	③		④	①ソバダンス(蕎麦100%) ②焼餅(小豆と蕎麦,蕎麦100%) ③ダイコンソバ(蕎麦と大根) ④ソバガキ

アマランサスやキノアなど他国で栽培されていた雑穀も国内で栽培されるようになって、さまざまな食品に利用されている。

［米］　表2の米以下の下段は、雑穀以外の穀物・マメ類である。大豆なども重要であるが、ここでは割愛している。特徴的なことを述べてみよう。

米は村内で生産できないので、クミッコといわれた物々交換で手に入れたり、購入したりした。そのため、日常の主食で米が用いられることはなく、配給制度ができて米を少し入れた粟飯を食べるようになった。ここではゴヘイモチを米で作っていた。粳種の米を煮て、スリコギで搗いて、握って串にさしてヒジロ（いろり）で焼いたものである。ふだんのナカイレ（間食）に食べた。また、焼畑では山に小屋を作って半年くらいを年寄り夫婦が過ごし、山を降りて集落の家に帰るときの孫たちへのみやげにした。米を材料にしていたので、ご馳走の部類に入る食品であった。そういう奈良田でも大晦日・山の神の日・盆・農休みなどのハレの日、そして病気のときには米の飯を食べた。米だけの飯をソロメシと呼んだ。

奈良田に水田がなく、畑の作物に頼っていた状況を、「湯島奈良田の女子衆さまは米のなる木をまだ知らぬ」と町場の口の悪い人たちは揶揄《やゆ》した。湯島も奈良田に次ぐ山間部で水田がなかった。この両地区の女性たちは村内に嫁に行って、他村には稔る「米のなる木」である稲はもちろん、「米」を知らずに一生を村の中で暮らしていった人たちも多かったのである。そういう蔑視の言い習わしは、他の県、たとえば、群馬県・埼玉県などにもあって、「米のなる木はまだ知らぬ」とまったく同じ言葉使いをしていた。男たちも米を知らない者も多少はあったかもしれないが、兵役や出稼ぎ、物資の購入などで、他村や他郷に出かける機会は女たちの比ではなく、「米のなる木」を知る機会はあったといえよう。もっといえば、奈良田に限らず、全国各地の山間部や東北の寒冷地、九州などの出身の兵隊たちは、兵役で軍隊に入り、米の飯を毎日食べることになり、米のおいしさを覚えたとさえいわれたのであった。

[蕎麦]　焼餅と団子はほとんど同じ材料で作っていた。チョウセンビエやモロコシ（トウモロコシ）などもあったが、もっとも多いのは小豆と蕎麦である。小麦の団子や焼餅はご馳走であった。

団子をダンスといった。材料によってアズキダンス・ソバダンス・コムギダンスという。ソバダンスも蕎麦粉一〇〇％で作っている。後述するように小豆と蕎麦粉のダンスもあった。蕎麦を材料とした食品には麺に加工したダイコンソバとソバガキがある。いずれもふだんに食べたが、ダイコンソバは、千六本について茹《ゆ》でたダイコンを混ぜたものである。もちろん、蕎麦にたいする増量材で、こういう穀類の消費をおさえるものをフヤシといった。正月などに食べる蕎麦の麵はソバギリという。

〔小豆〕　アズキダンスは小豆を粉にして、湯でこねて団子に丸め、少し平たくして三本の指の跡を付けた形の団子である。小豆一〇〇％の粉でこねた団子は口のなかでポクポクし、おいしくないという。小豆の粉の性質によるのであろうが、口のなかやのどにからまりそうな気がする。早い時代に蕎麦粉を混ぜて作るようになり、食べやすくなったという。

私たちは、小豆はお祝いの時などの、何か特別の日に食べるものという印象を持っている。柳田国男なども「小豆を食べる日のこと」という一文を書いていて、同様の思いから、小豆をそうとう意識していた。しかし、奈良田ではふだんに食べる食品であった。

小豆には赤小豆と白小豆がある。前者は赤飯などにして儀礼食にも使われたが、アズキダンスのようにふだんのナカイレや夕食に食べた。白小豆は粟飯やニウマシに入れてふだんに食べた。

ニウマシは奈良田独特の食べ物で、小豆とサツマイモ、ジャガイモなどを柔らかく煮たもので、「煮て、うます（蒸す）」ことからきた名称である。サツマイモを多く入れたが、小豆も五合も入れるというから、味や食感のための小豆ではなく、食べるための量が十分に入っている。よく蒸すと、サツマイモと小豆がとけるようになってうまくなる。

蕎麦と小豆は焼畑の輪作《りんさく》体系に組み込まれた作物で、とくに蕎麦はソバノーといって、親分子分制を駆使して、労働力を確保しながら長年のあいだ生産してきた作物である。また、小豆は先述したようにクミッコ（物々交換）という奈良田の交易に重要な役割を持つ作物でありながら、同時に日常の食を支えた作物であった。

農村を歩いてよく聞くことに、「小豆相場」とか「小豆に手を出して倒産した農家」があるなどという話がある。詳しいことは聞けないのだが、たかが「小豆」で一軒の家が潰れるということが解せない。しかし、奈良田では、米と小豆をスックミという等量の物々交換をするのである。このことを思い出すと、「小豆相場で倒産した」こともありうることである。何しろ、米はどの時代にあっても、日本最大の商品なのであるから、それに匹敵する小豆は、商品としても価値ある作物なのである。同時に、小豆は、奈良田の日常の食事を下支えする重要な食品になっているのである。小豆一〇〇％のアズキダンスや粟飯・ニウマシに入れて主食の一部を構成した作物であったといえよう。

儀礼食にも多い雑穀

次に一年間の儀礼・行事に伴う食品を見てみよう。その日の中心になる食品だけを挙げたのが表3である。

粟と黍の食品がいかに多いか、一目瞭然《いちもくりようぜん》である。ソロメシとソバギリも目立つが、それぞれの儀礼の性格を考慮していくと、前者は農耕儀礼、とくに焼畑に関係する祝いなどを中心にした儀礼に粟と黍の食品が用いられ、また、奈良田の重要な神様の日にも粟や黍の食品が供えられた。そして、一般的な正月・盆・山の神の日などにはご馳走であるソロメシ・ソバギリの食品を作っていることがわかる。

雑穀と儀礼食の関わりをいえば、奈良田で栽培された雑穀のうち、粟と黍、ソバノーで栽培された蕎麦が儀礼食になるが、他の雑穀である稗・チョウセンビエ・アカモロコシは儀礼食にされることがなかった。もう一つ重要なことは、クミッコなどの物々交換で手に入れた米がソロメシとして儀礼食になっていたが、農耕等の儀礼、いわば伝統的な奈良田独自の儀礼に関わる食品は粟と黍・蕎麦で構成されて、米がそれにとって代わることはなかった。少なくとも、焼畑が行なわれていた時代までは、農耕儀礼の食は粟と黍が主穀であったということができる。

焼畑を営んできた奈良田の雑穀栽培と食事情を詳細に見てきたが、日常の食品も、儀礼

表3　儀礼食に用いられた食品

儀礼・行事	月　日	食　品
元日	1月1日	粟餅・粟飯・ソバギリ
七草	7日	七草粥（栃の実を入れる家もある）
ハタケガミの日	11日	粟のオカクラ
小正月	15日	小豆粥
山の神の日	17日	ソロメシ(米の飯)・ソバギリ
エベス様	20日	粟と米のオコワ
奈良王さまの日	25日	粟餅
節分	2月3日	大豆
節供	3月3日	菱餅
彼岸	21日	黍のボタモチ
お釈迦さまの日	4月8日	甘茶
ヤマユワイ(山祝い)	5月初旬	黍または粟と米のボタモチ・粟のニコワメシ
農休み(半夏生)	7月初旬	ソロメシ・粟や黍と米のオコワ
盆	8月15日	ソロメシ・ソバギリ
虚空蔵さまの日	13日(旧暦)	粟餅（虚空蔵さまに粟と黍の穂を供える）
十五夜	15日(旧暦)	米や小麦の団子など
彼岸	9月23日	黍のボタモチ
十日夜	10月10日(旧暦)	粟のオカラク
エベス講	20日(旧暦)	黍と米のオコワ
氏神さまの祭り	11月17日	粟餅・粟のオコワ・ソロメシ・ソバギリ
山の神の日	12月17日	ソロメシ・ソバギリ
オモッセ(大晦日)	31日	ソロメシ・ソバギリ

のときの食品も、いかに粟や黍に頼っていたか、よくわかる地域であった。この三種の雑穀は常畑にも栽培しており、焼畑だけに依存していたわけではなかった。それにしても多くの雑穀食品を生み出し、小豆も上手に使った食の体系を持っていた。米に依存しなくとも、雑穀を主穀とした食の体系が作られた焼畑の暮らしを見ることができたといえよう。

麦作地帯の食事――東京都檜原村の例

次ページの表4は東京都檜原《ひのはら》村における大正時代の食事の内容である。一日のスケジュールとともに食事の内容を検討してみよう。食品の材料に重点をおいて記していくことにする。

麦類の食べ方

水田のなかった檜原村では水稲《すいとう》ができず、陸稲《りくとう》を作る家がわずかにあったが、毎日の主食は麦類であった。その食べ方を記してみよう。

[オバク（大麦）と挽割飯《ひきわりめし》]　朝食をアサメシといって、オバクや挽割飯・イモ類を食べた。まず、大麦を調整して荒皮を取ったもの（精麦《せいばく》）が丸麦《まるむぎ》である。丸麦はとても硬い穀物であるため、炊くのに時間がかかる。オバクはバクメシともいい、丸麦だけを炊いた飯を

表4　檜原村の一日の食事体系

種　類	食事呼称	食事内容
早朝食		ヤキモチ
朝　食	アサメシ	オバク（バクメシ） 挽割飯 イモ類
間　食	ヒルマエノオチャ	イモ類
昼　食	オヒル	挽割飯 イモ類
間　食	オコジュウ	イモ類
夕　食	ユーハン	ウドン ツミイレ
夜　食	ユーナゴ	イモ類

いうが、このなかにジャガイモやインゲンなどをたくさん入れた飯もオバクといった。現在、檜原村に隣接する山梨県上野原市にある料理屋では、観光客用にオバクを献立に加えている。ジャガイモなど大量の野菜が入っているおいしい飯である。大正時代や第二次世界大戦前の昭和時代には、副食物もないようなふだんの食事の栄養状態を考えると、野菜入りのオバクは主副食がともに摂れる理にかなった食品であった。もちろん、これらの野菜は穀物にたいする増量材であった。

丸麦を石臼で挽き割ると、粒が二つ、三つに割れて小さくなる。これが挽割麦である。硬い丸麦を炊くには時間がかかり、たいへんなので、二つ割れ・三つ割れにした挽割麦は比較的短時間で炊くことができた。硬い丸麦は米といっしょに炊くと丸麦にシンができて食べられないが、挽割麦であれば、米といっしょに炊くことができた。檜原村では挽割麦を食べるようになったのは大正時代である。丸麦を挽き割るという作業をしなければならないが、麦を飯に炊くのは楽になった。米ができない檜原村では買った米、多くは南京《ナンキン》米や台湾米などと混ぜて炊いて食べるようになった。

［押し麦の飯］　昭和時代になると、挽割飯よりも押し麦を入れた麦飯を食べるようになった。押し麦は水分を含ませ、器械で押したものである。押し麦はなめらかで食べやすいので、多く食べてしまうため、「飯を食い込む」といって、ふだんに食べさせない家もあった。

［湯取り法で炊く麦飯］　丸麦と米をいっしょに炊いた麦飯もある。これは明治時代や大正時代のことであった。先述したように、丸麦は硬いので、あらかじめ丸麦だけを炊き、煮汁である水分を捨て、米といっしょに炊いた。つまり、水を多く入れて炊き、炊きあがったら、その水を捨てたのである。飯の炊き方には三つの方法があるが、この方法は湯取り法といわれた。他の二つの方法は順次、紹介していくことにしよう。

ここでは麦飯といってもいくつもの麦飯があり、時代によって異なること、そして、麦飯を食べるのは、朝食と昼食であることが指摘できる。朝食と昼食に麦飯である粒食を食べるのは、日中の大半を労働をして過ごすからである。粉食に比べて、粒食は腹持ちのよい食品なのである。

［ウドン・ツミイレ］　夕食に食べるのはウドンやツミイレである。ウドンは自分の家で栽培した小麦を粉にして、やはり自分の家で打ったものである。後年になると、精米所で小麦とウドン（乾麺）を交換するようになり、ウドンを打つ手間がはぶけた。ウドンは汁に入れて煮込みウドンにしたり、ヒキズリダシにしたりして食べた。ヒキズリダシとは現在の釜揚げうどんと同じもので、イロリにかけた鍋でウドンを茹で、それを鰹節を入れた生《き》醤油《じょうゆ》に付けて食べるのである。

ツミイレは端的にいえば、小麦粉の団子汁のような食品である。小麦粉を練って、味噌汁のなかにちぎって入れるのがツミイレである。練った小麦粉を左手に持ち、右手でそれを摘《つ》んで（ちぎって）味噌汁に入れるところからきた名称である。現在、おでんのタネにツミレがあるが、これは魚を砕いて練り、ちぎったもので、檜原村のツミイレとオデンのツミレは、材料を「摘んで入れる」作り方からきた名称である。同じ小麦粉で作る団子汁は、ちぎって丸める作業の分だけ、手間がかかる。農家の夕食はできるだけ手間をかけずに食べられるようにするのが望ましかった。作り手の嫁も姑も農作業の働き手で、夕方、手元が見えなくなるまで働くからである。

煮込みウドンもツミイレも野菜を多く入れて食べるので、栄養も摂れる食品であった。

雑穀の食べ方

雑穀は、大正時代から昭和前期（第二次世界大戦終了まで）ころまで少しずつ栽培は行なわれていたが、毎日雑穀を食べる家もなくなった。むしろ、糯種の粟や黍の栽培が遅くまで継続されていた。毎日食べるというのではなく、餅に搗いて食べたり、正月のお供えに用いたりするために栽培していた。

［稗飯・稗粥・粟飯］　米の栽培ができない檜原村では、米を食べるには近隣の五日市あたりで買ってきて、麦飯や稗飯・稗粥・粟飯に入れて食べた。しかし、全体として麦飯中心の主食であり、稗飯や稗粥・粟飯は大正時代には少なくなっていた。

粟一〇〇％の粟飯や三割ほど米を混ぜた粟飯はボロボロして食べにくく硬いので、嚙むにも大変であった。粟飯はときどき食べていた。

稗飯や稗粥もふだん食べるものというよりも、ときどき食べるもので、やはり三割ほどの米を入れて炊いた。大正時代ころには稗飯・稗粥を食べる家がなくなった。稗飯や稗粥を炊くには、米を炊き、沸騰したところに稗を入れるようにした。水から米とともに炊くと、米にシンが残り、稗は溶けてしまうからである。この炊き方を湯立《ゆだ》て法という。

稗は、むしろ、ヤキモチやヘーモチ（稗餅）にして食べることが多く、昭和時代になっても食べていた。これは粉にしてから加工した食品である。

［ヤキモチ・ヘーモチなど］　表4にあるヤキモチを食べる早朝食《そうちょうしょく》というのは、一般に聞きなれない言葉であるが、ここでは朝食前の軽い食事である間食を意味している。檜原村の方言では早朝食にあたる言葉はない。大正時代には多くの農家で牛や馬を飼っていたので、夏には男たちは朝食前に牛馬の飼料になる草を刈りに遠くの山まで出かけて刈ってきた。また、田畑の畔の草刈りをしたり、かんたんな畑仕事をしたりした。このような朝食前にする軽い仕事をアサヅクリという。そのときに、持っていって、山で食べるのが早朝食で、稗と小麦の粉で作ったヤキモチであった。稗のヤキモチは香ばしくておいしい、というが、それは温かいうちに食べた場合のことで、冷めた稗のヤキモチは硬くなって食べにくい。硬くならないように布に包んだヤキモチは自分の腰に付けていけば、少しは温かいうちに食べることができた。

稗は脱穀した後、粉にするには調整作業がかんたんであるため、ヤキモチに作って食べるのに適していた。稗を殻の付いたまま石臼で挽き、箕《み》と篩《ふるい》で実と殻・ごみとを選り分けた。この作業を二、三度繰り返して粉にした。ヤキモチはこの粉を湯でこねて丸い形にまるめ、いろりの灰のなかで焼いたものである。稗だけの粉で作ったもの、小麦粉や小豆を入れたヤキモチなどがあった。早朝食だけではなく、夕食時や間食にも食べた。

ヘーモチは稗を粉にし、湯でこねて丸めて大きな団子状にする。これを米といっしょに甑《こしき》で蒸して、臼と杵で搗いた餅である。一度、稗の粉を湯でこねてから蒸すとやわらかくなっておいしくなる。ネネンボウ（ウラジロの一種）を入れるとなお、粘り気が出てきておいしくなる。

稗は粟と混ぜてボタモチにした。また、トウモロコシの粉と混ぜてこねて団子状にしたり、稗団子にしたりして、鉄器で焼き、味噌などを付けて食べた。食事にも間食にも用いた。

このように粉食にして食べるのはかんたんであるが、粒のまま、稗の飯にして食べるには荒皮を取るのに手間がかかるので、岩手県の例で述べたように、蒸し稗にして皮を取った。

［イモ類は〝コメカバイ〟］　朝食、昼食、午前・午後の間食、夜食にはイモ類を食べた。雑穀ではないが、食事全般のなかで占めるイモ類も無視できない存在なので、記しておこ

う。

イモ類といっても、檜原村でいうイモはサトイモを意味している。しかし、ジャガイモも大きな存在である。まず、サトイモは古い時代から栽培された芋で、種類も小芋・親芋・八つ頭などの他に、トウノイモ・イゴイモなどがあった。いずれもサトイモ系の芋である。このうち、トウノイモやイゴイモは栽培されなくなって久しい。イゴイモ（ヨゴイモ）はエグイ（苦い味に近似している）味である。そのため、二度煮るとエグ味が取れるので、夜煮て、翌朝に再度煮るとエグ味が取れて、食べやすくなった。

ジャガイモは明治時代にはツルイモと呼ばれた。これは山梨県の都留地方から伝播《でんぱ》してきたため、そのように呼ばれたのである。また、セイダイモとも呼ばれたのは、都留地方に伝わったジャガイモがセイダイモといわれたためで、その由来は江戸時代の甲州の代官中井清太夫《せいだゆう》が広めた芋だから、という。

サツマイモは明治時代に書かれた『牛五郎《うしごろう》日記』によれば、栽培は少なかったようである。サトイモやジャガイモの栽培に比べて、栽培された畑が極端に少ない。サツマイモは元来、暖かい地方でよくできる作物である。そのため、寒い山村の、明治前期の檜原村あたりではまだまだサツマイモ栽培は試験的に作っていた状態だったのではなかろうか。サツマイモは東京都の多摩地方の特産物で、明治・大正・昭和時代には盛んに栽培されたが、檜原村ではサトイモとジャガイモの栽培が盛んであった。

サトイモにしてもジャガイモにしてもサツマイモにしても茹でて食べるのが中心であった。茹でた芋を縁側などにおくと、食事を待ちきれず腹をすかした人はこれを食べた。そうすれば、食事のときに主食を食べるのが少なくてすむのである。いわば、主食である穀物の節約になる。これを「コメカバイ」という。檜原村の場合の穀物は米ではなく、麦や雑穀であったが、その穀物を無駄に消費しないための方策が「コメカバイ」であった。雑穀などの穀物とセットになったイモ類の果たす役割がここにあった。

粒食と粉食を食い分けする合理性

日本においては、穀物を食べるには、粒のまま加熱して食べる粒食と、粉にして加熱して食べる粉食の二通りの食べ方がある。粒食は白米の飯、麦飯、雑穀の飯や粥《かゆ》・茶漬けなどで、粉食はウドン・ソバ・餅・団子・団子汁・まんじゅうなどである。前者は後者に比べて腹持ちがよい。粒食は穀物の消費量が多いから当然カロリーも高い。そのため、労働をする日中の食事である朝食や昼食には粒食を食べた。しかし、腹持ちがよいからといって、粒食ばかりを食べるわけにはいかない事情もあった。

米や麦・雑穀などは収穫後、脱穀して、荒皮をむく作業（脱稃《だつぷ》）を経て、精白してから食品に加工していくわけである。この一連の作業過程で、それぞれの穀物が砕けたり、割れたり、粉になったりするのである。その量が少なからずあり、これを捨てずに食料にした。また、日陰や寒冷な場所で作った穀物、あるいは冷害などにあった作物は、稔りが悪く、未熟な穀物になった。米ならば五等米・クダケ・シイナ、あるいはユリゴ・イリゴと呼ばれるものである。これももったいないので食べたのである。これらの砕けや未熟な穀物は粉にすると加工しやすかった。ときには、砕けた荒皮なども混じる粉であっても団子に加工すれば、食べられるのである。第二次世界大戦後の食糧難の時代までは、このような粉食も食料の一部であった。粉食が日常食の重要な位置を占めていたのは、以上のような隠れた事情があったのである。もちろん、ハレの日に作る餅や団子などは上等な穀物で作った。

ここでもう一度、六〇ページの表4を見てみよう。

朝食と昼食には、オバクであれ、挽割麦であれ、押し麦であれ、麦飯中心の粒食である。それに加えてイモ類を「コメカバイ」として食べた。先述したように、朝食後と昼食後は一労働をするから腹持ちのよい粒食を食べるというのがその理由である。しかし、夕食は一日の労働が終わり、後は寝るばかりである。そのため、腹持ちの良し悪しで食べ物を選ばず、粉食である小麦粉のウドンやツミイレを食べた。間食も主食を補えばよいという考え方でイモ類や稗の粉食であるヤキモチ・ヘーモチを食べた。

要するに、一日のうちでも後に控えた労働との関係で、腹持ちのよい粒食と、腹持ちの悪い粉食やイモ類を食い分けたのである。雑穀という点から見ると、粒食と粉食の食い分けである。

こうした食い分けは一日についての食事だけではない。檜原村とは限らず、農村地域では一日の食い分けもするが、季節による食い分けもしていた。多くは労働の激しい農繁期には飯類を食べ、冬場の農閑期には粉物を食べた。米生産が盛んで、その裏作には麦栽培もしていて、穀倉《こくそう》地帯である愛知県岩倉《いわくら》市の農村地帯でも、夏の農繁期には、朝の五時に朝食、午前十時のコビル、午後三時ごろに昼食として麦飯を食べて、夕食は午後十時ころに冷麦やウドンなどを食べた。冬の夕食は、ダイコン・サトイモ・ネギ・菜っ葉を大量に入れた煮込みウドンと雑炊を毎日交互に食べていた。ここでは米や麦は売るもの、すなわち、商品であったから、できるだけ消費を抑え、麦の加工食品を自家食料の重要なものとして位置付け、一日の食い分け、季節の食い分けを行なっていたのである。なお、季節の区分は、春の彼岸から秋の彼岸までを農繁期とし、秋の彼岸から春の彼岸までを農閑期としていた。

東京都の山間部に位置する檜原村の大正時代の食事を中心に見てきた。ここでは大麦が主穀物であり、それを日常の主食とし、稗や粟の雑穀を、さらにはイモ類をもって主食料としてきた。また、食事全体を見ると、粒食と粉食・イモ類を上手に使い、一日の食い分けをしていた。労働や休息・就寝に合わせた食事のあり方が行なわれていて、食の合理性を持っていたことがわかる。季節の食い分けについては穀倉地帯である愛知県岩倉市の農家の例を挙げた。

麦や粟・稗を中心にしてきた檜原村も、昭和四十年代ごろから白米食中心の食事に変化してきた。檜原村はかつての主産業であった農業・林業をやめ、三十年代後半から東京の大都市としての発展にともない、東京都心、あるいはその周辺の近郊小都市への通勤圏となり、公務員・会社員をはじめとする勤め人が増えていき、過疎化の傾向が進んだ。大都市東京に近い自然環境の豊かな観光地としても親しまれるようになった。農業をやめ、現金収入を得たことにより毎日の食事も都市のそれと変わらなくなった。

粒食にするには、穀物を加熱するのであるが、その方法は三通りある。湯取り法・湯立て法・炊き干し法がそれである。

雑穀の調理法

［湯取り法］　先に丸麦を米といっしょに炊いた麦飯を紹介し、その炊き方は湯取り法であると記したが、もう少し詳細に見てみよう。

湯取り法は穀物を炊いて残りの煮汁である水分を捨ててしまう方法である。この炊き方では、残りの水分に含まれた粘り気のある部分、いわゆるオネバを捨てることになり、粘り気を好む日本人の嗜好《しこう》に合わないのである。それで日本ではこの方法で穀物を炊くことが少ないが、アジアの他の国々で、とくに粘り気の少ないインディカ＝ライスを主要穀物としている国で米の炊き方として行なわれている。日本では粘り気の多いジャポニカ＝ライスが米の中心なので、捨てるオネバがもったいないので、米を湯取り法で炊くことはない。しかし、米よりも粘り気が少ない丸麦の炊き方に湯取り法が用いられている。丸麦を炊き、一定程度やわらかくなったところで、煮汁を捨て、これを米と混ぜて炊くと麦飯になるのである。要するに、硬い丸麦をあらかじめ、やわらかくしておき、米とともに炊くのである。日本においては、丸麦の炊き方の一つとして湯取り法がある、といってよい。

［湯立て法］　東京都羽村《はむら》市の言い習わしに「羽村名物ご存知ないか、粟のご飯にダイコ

汁」というのがある。この地域は畑作中心の農村で、麦類と粟を主食としてきた。ここでいう羽村名物の粟飯は、挽割飯に粟を入れた飯をいう。混合率は米一・挽割麦八・粟一である。炊き方は挽割麦と米を炊き、煮えたったら粟を入れてシャモジでかき回しながら炊き上げるものである。米と挽割麦はふつうの穀物の炊き方をし、粟は沸騰した湯のなかに入れ、かき混ぜながら炊くのである。他にも、粟を材料とした粟ボタモチ、糯米《もちごめ》のボタモチや混ぜご飯を作るときにも、沸騰させた湯のなかに粟や糯米・米など入れて炊いた。このように沸騰した湯に穀物を入れて炊く方法を湯立て法という。羽村市ではこの方法を「湯炊き」といった。檜原村では稗飯をこの方法で炊いた。粟一〇〇％の粟飯も同様である。また、米を炊くときも、祝儀《しゅうぎ》・不祝儀《ふしゅうぎ》などの人寄せ（祝い事や法事などに親戚・地域の人たちが寄り集まること）のさいにも、大量の米を炊く必要があり、そのときにも湯立て法で炊いた。このようにして炊いた大量の米にはシンが残ることはない。

湯立て法は、穀物のうちでも雑穀の炊き方の基本であろう。粟や稗・黍などの雑穀はとても粒が小さい。そのため、火のとおりが早く、米などと違い、早くに炊き上がるのであろう。また、焦げ付きやすいという点もあり、それを防ぐために、湯のなかに入れ混ぜ、シャモジでかき混ぜながら炊くのである。水から炊くよりも沸騰した湯に入れる方法はそういうところから編み出された雑穀の調理法といえよう。

湯取り法は粘り気のない大麦の調理法で、湯立て法は粒の細かな、こげつきやすい雑穀の調理法であった。

［炊き干し法］　それにたいして、粘り気のあるジャポニカ＝ライスである日本の米の調理法には炊き干し法が用いられた。炊き干し法とは、現在の日本の家庭で行なわれている米の炊き方、すなわち、最初から一定の水と米を炊きあげ、煮汁である水分をすっかり米のなかに吸収させる炊き方をいう。この方法は米のうまみを飯に含ませてしまうという調理法である。

ここに述べた檜原村の雑穀の食べ方、オバクや挽割麦の飯、小麦粉の食品、稗飯、粟飯、食料としてのイモ類などは檜原村に特有な食品ではなく、関東の麦作地帯はもちろん、日本中の畑作地帯でも同じことであった。また、一日三食についての食い分け、季節による食い分けは、畑作地帯のみならず、稲作地帯でも行なわれていた。食料を無駄に消費せず、大切にあつかった人たちの知恵である。

稗を中心した岩手県、粟を中心にした焼畑の村の山梨県奈良田、大麦を中心にした東京都檜原村の雑穀の食べ方を述べてきた。

このように見てくると、雑穀の食べ方といっても、実に多様である。雑穀の食文化の豊かさの表れということができよう。

雑穀を発酵食品にする

酒・味噌・酢

雑穀と酒

近世中期奥羽地方の雑穀風景

江戸時代中期に信濃地方や奥羽《おうう》地方を旅した菅江真澄《すがえますみ》は、その土地土地で見聞した多くのことを記録に残した。その時代の庶民の生活の様相を書き残した文献として貴重な記録である。当時の庶民について書かれた記録の多くが、通りすがりのわずかな見聞をもとにして書かれた役人などの記録だったことを考えると、菅江真澄はある地域に長逗留《ながとうりゆう》をしたり、同じ地域に再度足を運んでいたりしており、彼の見聞きした内容の質は短時間の旅人のそれとは異なっている。通りすがりの目についたものを描写するにも、庶民たちの生活に直結する稲や稗《ひえ》・粟《あわ》などの作物の様子、植付けから収穫作業とその道具、また、魚や貝類・食物などを記した。その記録はいずれも具体性を持っており、路傍の風景を書いていているようでありながら、人の暮らしに目を注いでいる。そのように見ると、菅江真澄の紀行文の特徴は、田畑などの風景や、作物や作業、それに使う道具など目に映ずるものを捉え、次に土地の人たちの話に耳を傾け、その人たちの心のありかを探り、それをすなおに記していることにある。

ここでは雑穀の酒について述べる前に、江戸時代中期の奥羽地方における菅江真澄の捉《とら》えた雑穀の様相を見ておきたい。

天明《てんめい》八年（一七八八）七月初め、菅江真澄は現在の岩手県北部の前沢《まえざわ》、福岡町（現、岩

図5　菅江真澄画像

手県二戸市《にのへ》）付近を歩いていた。そのあたりの風景を次のように書いている。山の斜面はみな畑で、粟や稗ばかりを作っていて、乾田《かんでん》も湿田《しつでん》も見あたらない。女が歌を歌いながら、マトリという二股の自然木の棒で麦の穂をたたいて脱穀しているところに出会う。その女から聞いたらしく、男女が集まって、斧で麦の穂を打っている村もあるという（「岩手の山」七月三日、『菅江真澄遊覧記』二、平凡社、一九六六年。以下書名を省略）。マトリは少量の穀物やマメ類の脱穀をする場合には現在も使われている道具である。また、麦の脱穀作業はユイ（交換労働）などをして集団で行なうことも第二次世界大戦後まで行なわれていたことであった。秋田県大館市《おおだて》付近の村でも、山畑に粟を作り、山田に稲を作っていると述べ、「冬は粟の穂ぎりや粟つきをしたり、稲のする臼（すりうす）をひくなど忙しそうである」と、粟や米の脱穀や精白作業を捉えている（「雪の秋田根」享和《きょうわ》二年〈一八〇二〉十二月十五日）。粟を収穫した後、穂束をざるに入れてつり下げ、いろりで乾燥させている光景は、秋田県の雄勝郡《おがち》であった（「高松日記」文化十一年〈一八一四年〉九月五日）。

田稗《たびえ》についても何度も述べている。寛政《かんせい》五年（一七九三）七月六日、青森県田名部《たなぶ》（現、むつ市）あたりを歩いていて、「暑さは土の中からもわきでるように感じられ、稲稗（田稗）の穂がよく出て飢饉《ききん》の恐れもなかろうと、集まる人ごとによろこんでいた」。よく出た穂の様子によろこぶ人たちの姿と同時に、この近辺では、田稗を稲稗と呼んでいたことがわかる。それから三日後の九日、「山の神のしとぎ」と「山の神のはしこ」が多いから、今年は豊作であろうという話を土地の人から聞いている。「山の神のしとぎ」と「山の神のはしこ」は、稲や粟の葉に雪のように白いものが付く現象で、虫が付いた一種の穀物の病気である。地元の人たちは、それを神の意志であるかのように、豊作の兆しとして捉えているといっているのである（「牧の朝露」）。反対に、下北《しもきた》半島の脇野沢《わきのさわ》（現、むつ市）では、鹿・猿などに粟や稗・蕎麦・マメなどを収穫前に食い荒らされて、食料が極度に不足している状況を見て、涙を流したことも書いている（「奥の浦うら」寛政五年四月二十七日）。

青森県田名部付近では、雪の降るなかを男や女の物売りが「あわ、ひえ、大百合の根（ヤマユリの根）」などと声を張り上げて雑穀を売り歩いていた（「牧の冬枯」寛政四年十二月一日）。

また、田名部で正月をすごし、下北の村々を歩いていた真澄は、一月十五日の小正月行事を描いている。みずきという木に餅をさし、粟穂や繭玉として飾り、その年の粟などの農産物や繭の豊作を願う行事である（「奥のてぶり」寛政六年一月十四日）。

菅江真澄の見た稗飯と稗シトギと稗酒

菅江真澄は、寛政四年の暮れには下北半島の北東部にあたる正津《しようつ》川付近を田名部に向かって歩いた。そこで老婆に会い、吹雪のたいへんな道を先に急ぐより、「きたないところではあるが、わたしの家に一夜お泊まりなさい。夕食には稗の飯でもさしあげよう。お飲みになる人ならば、ひえでかもした酒をすすめよう。またそばの餅もあろう。わあえ（わが家）のせまくとも、へがら（ひえのから）、へりなし（菅《すげ》むしろ）を敷き重ねて、寒くとも夜を明かして」といわれて、その親切にほだされて、この家に泊まった。ここからは、稗飯・稗酒・そば餅が提供されたことがわかる。しかも、寝るにさいしては、稗のから（稈）で編んだむしろを重ねて寝るようにとのことであった。まさに、稗尽くしである。そして、食事がすんで、炉の火が燃え尽きる夜更けまで起きていると、「これを食べなさいと、ひえしとぎ（ひえの餅）というものを焼いておしき（折敷、食器をのせる盆）に盛って出し」てくれた（「牧の冬枯」十二月十六日）。もう一品「稗しとぎ」という稗の食品が加わったのである。老婆は旅の者である菅江真澄を思いやって、しきりに自分の家や食べ物を謙遜していっているが、稗飯・稗酒・そば餅・稗シトギを一度に提供するのは、たいへんなことである。正月を迎える暮れとはいえ、この時代の、この地域ではとてもごちそうだったのではないか。

下北半島以外の地で稗酒を記しているのは秋田県である。それを「田植え酒」と称しているのは秋田県の森吉町砂子沢《すなこざわ》（現、北秋田市）であった。ここは稲田がなく、稗田ばかりの村なので、稗で造った酒を田植えのときに飲んだのである。ちょうど田植えの時節なので、ある家でそれをご馳走してくれたのである（「すすきの出湯」享和三年五月三日）。

しかし、雑穀の酒についての記述は比較的少なく、濁酒《にごりざけ》の記述は何箇所かに記している。その濁酒は前後の文面から見て、米の濁酒である。

右に述べた雑穀の食品は、一度に提供されたものであるが、菅江真澄は各地で雑穀の食品を見たり、食べたりしている。かんたんにそれをたどってみよう。

雑穀の食品素描

岩手県一戸《いちのへ》町では、宿を頼んだ家で粟の飯に塩漬けの桃の実を出してくれた。この家の人たちの食事は粟だけであった。この年は不作で、「心細い世の中だと嘆いて」いたという。続いて七日には、宿で「薄墨色の稗飯」と用意してくれた「女郎花《おみなえし》のような粟飯」をわずかばかり食べて出立している（「けふのせば布」天明五年九月三日）。

そば餅は田名部付近でも書いており、薄墨色の餅のようなものに小豆を入れたもので、これをハットウといい、味噌汁のツミイレにして食べた。この地域ではセンゾウボウといった（「牧の冬枯」寛政四年十一月十八日）。

このように見てくると、江戸時代中期には稗・粟・蕎麦の食品も多様で、近代や現代のそれと変わらないようである。すでにそのころには、現代で見聞きする雑穀による伝統的食品の基本が完成していた、と推測される。菅江真澄の見た雑穀の食品は名称からすれば、近代・現代と変わらない。

松浦武四郎の濁酒

松浦武四郎《まつうらたけしろう》も江戸時代末期に奥羽地方や蝦夷地《えぞち》を歩いた人で、嘉永《かえい》二年（一八四九）、畑にある粟や稗・大豆などを記している。秋田県の若木立《わかこだち》村（現、小坂町《こさかまち》）で泊めてもらった家で、白木の手作りの高膳でごちそうを振る舞われた。高膳に載った飯は五、六合もある山盛りで、豆腐とインゲンマメの汁や、シイタケ・焼き豆腐・ヤマメ二匹を盛ったお平、フキの漬物、鱒の焼き物、冷奴という正式の料理であった。酒は「稗・粟・米の三品にて作りし濁酒を振舞」、家族全員で接待をしてくれたという。田山村（現、岩手県八幡平市《はちまんたい》）では、盲暦《めくらごよみ》を作る善八という家に泊めてもらい、そこでも茹でた大豆を肴に稗で造った濁酒をご馳走になった（「鹿角日記」『松浦武四郎紀行集』上、冨山房、一九七五年）。菅江真澄と松浦武四郎が雑穀の酒を供された地域は、青森県と秋田県、岩手県の北部である。この地帯では雑穀のドブロクを盛んに造っており、旅人に一夜の宿を提供したときには、稗などの雑穀の濁酒をもってもてなしたことが知れるのである。

秋田県の稗酒

秋田県の山村である玉川村（現、仙北市）では、女岳男岳の神社の祭礼で、稗酒を飲んでいたという。少年のころに訪れた藤原相之助《あいのすけ》は、村人たちが祭に訪れた人々にも、「大椀《おおわん》になみなみと注《つ》いで勧め」ていた情景をよく記憶している（『稗と稲』〈『稗叢書』第八輯〉、農村更生協会、一九三九年）。藤原は当時少年であったため、稗酒を飲むことはできなかったが、「米の濁酒《にごりざけ》と違って薄墨色《うすずみいろ》」だったという。そのころは一年間に八十銭の税金を納めれば、自家用料酒免許という木札をもらうことができ、それを家の入り口にかけておけば、「自由に酒を造ることが出来た。尤《もつと》も量の制限はあつたさうだけれど、飲み終れば又同じ量を造るのだから実は無制限だつたといふ」。後年、稗の酒の醸造について、親戚の者に問い合わせたところ、稗で麹《こうじ》を造り、蒸し稗で仕込み、盛んに造った。「色こそ黒けれ、味は米の酒に劣らなかつた」とのことである（同書）。

黍・粟・大麦のドブロク

岩手県川井村川内では黍でドブロクを作って飲んでいた。ここでは黍のことをコッキミといった。大正十二年（一九二三）生まれの佐々木富治さんは、祖父が好きでよく少しずつ飲んでいたし、自分も若いころに飲んでいたといい、第二次世界大戦中から戦後にかけて酒があまり手にはいらない時代にみんなで飲んでいた。

川内は水田がないところであった。現在ある水田は第二次世界大戦後に開田されたものである。そのため、それ以前は粟や黍などの雑穀生産が農業の中心であった。

黍のドブロクになる材料は、粳種《うるちしゅ》でも糯種《もちしゅ》でもよかった。粳種のほうがさっぱりした味にできる。麴は大麦か小麦のフスマを蒸してわらむしろに包んでハナ（麴菌）をつかせた。ハナがついたかどうか知るためにクルミの葉をのせておいた。葉の色が変わったときがその目安であった。黍を蒸して冷まし、麴と混ぜて、一斗樽に入れておいた。造る時期はクルミの葉が出る五月の初めであるが、好きな人は一年中飲めるように冬でも造っていた。仕込んでからでき上がるまでの期間は天候の加減による。醸造する時期が暑いときであれば、二、三日で発酵が始まるが、冬は時間がかかった。そういうときはコタツのなかにおき、早く発酵が進むようにした。でき上がったモロミをザルに入れて漉《こ》した。これが黍のドブロクで、一名ザルオトシという。酒の好きな人は毎晩飲んだもので、黍のドブロクを切らさないようにして、造っていた。佐々木さんが黍のドブロクをはじめて飲んだのは十八歳の入営のときであった。第二次世界大戦後はいろいろな物がないときで、ドブロクを入れる瓶もなかった。それで氷枕に入れておいたこともあったし、それを商売として売る人もあったという。

大麦のドブロクも造った。麹も主原料も大麦で、黍のドブロクに比べて大麦のそれのほうがドロドロしていた。黍のほうはサラサラしていた。秋になると、冬の馬草《まぐさ》にする草を山に行って刈ってくる仕事があった。それをヒクサショイ（干草背負い）といったが、家族労働だけではなく、人を頼んでも行なった。こういうときに慰労として雑穀のドブロクを出して飲んでもらった。どの家でもそのことを見込んで多く造っておいたものであった。

岩手県の各地で雑穀のドブロクを造っていたらしく、久慈《くじ》市の山根町字端神《はしかみ》では粟と大麦を混ぜたドブロクを造っていた。粟は糯種を使い、大麦とともに蒸して、米麹を入れて発酵させた。発酵ができるくらいの暖かい季節に造った。あまり寒い季節には造りにくいので、発酵させるために暖めることもあった。このドブロクをニグリザケ（濁り酒）といった。家々で造って、税務署に見つからないように工夫をこらして隠しておいた。ニグリザケは漉《こ》して、一升瓶につめておいた。これは正月にも祝い酒として飲んだし、村内の冠婚葬祭のときにはすべてこのニグリザケでお祝いをした。他の酒はなかったのである。

奥会津の粟のドブロク

福島県南会津《あいづ》町は、ふだんに商店から買ってきて飲酒する人は多くなく、焼酎を盃に二、三杯飲む人があった程度であった。しかし、自家醸造《じょうぞう》となると、多くの家で行なっていた。粟の粳種が原材料で、稗を少し混ぜてドブロクを造っていた。麹は米麹を買ってきて、蒸した粟や稗に混ぜた。ドブロク造りの桶は専用の桶でないと「キラウ」といって、どの家でもドブロク専用の桶を持っていた。ある家ではマゲワッパ（曲げ物）の桶で醸造していた。材料を桶に入れて密閉し、何日か寝かせた。早く飲みたいので、どうしても早めにあけてしまうが、そうすると、酸《す》っぱくなることが多かった。南会津町の一部の地域ではヘラブチといって、飯を盛るヘラなどの木工細工をする地域がある。ヘラブチをする人たちは寒い季節に山に一週間くらい入り、仕事をした。そういう時になくてはならないのがドブロクであった。多くは粟で造り、山に持っていって、楽しみに飲み、また寒さしのぎにした。

この地域では米でもドブロクを造っていた。この一番上澄みをスミエといい、これは清酒と同じである。スミエの下に残っているものを布で漉して絞って飲んだ。その絞り滓《かす》を餡《あん》に入れたものがサケヤキモチ（酒焼餅）である。スミエは祝言《しゅうげん》などに飲んだ。正月や祭・田植え祝いなどにも飲んだ。しかし、それだけでは足りないので、密造をすることになる。密造は酒税法が成立した時代には厳しい取締りの対象となった。それでも密造酒はどの村でも造っていた。税務署に見つからないためにさまざまな隠し場所を作ってあった。冬はユキムロ（雪室）と呼ぶ雪中に隠し場所があった。税務署からの係官が集落にくると、次の集落にはその知らせの人が走った。その間に隠してしまうのが常で、たまたま、運悪く見つかったときには、係官に味見と称して飲ませた。あるとき、係官に飲ませたら、「タネは切らすなよ」といわれたなどという話も残っている。しかし、別の機会に見つかったときには、この地域から税務署のある南会津町の田島まで密造したドブロクの桶を背負わされて、山道を五〇キロも歩かされたのにはまいったという。昔の道は谷と山のひだに沿うようにした山道であったから、現在の道路に比べて距離は二倍もあったし、冬季間であれば、雪道を歩かざるを得ない。ドブロク造りが見つかるのは、仲の悪い人に密告されたときである。こういうことを「指《さ》された」といった。

なお、栗のドブロクを造っていたのは南会津町ばかりではない。前章で紹介した、焼畑の村である奈良田《ならだ》でも栗のドブロクや焼酎を造っていた。栗と栗のフスマで造った麹と、煮た栗を混ぜて発酵させた。酸っぱくなった状態で蒸留《じょうりゅう》させたものが栗の焼酎である。蒸留しないで飲めばドブロクである。ご祝儀などにも栗焼酎で祝った。祝い事だけではなく、ふだんにも飲んでおり、一年中造り、飲んでいた。

黒島のアーモル(泡盛)

沖縄は泡盛《あわもり》の製造が盛んで、現在では一種のブームになっているといってよい。泡盛の原料は米や粟である。ここでは沖縄県のもっとも南に位置している、八重山《やえやま》地方の黒島における泡盛の造り方と名称の由来を紹介しよう。

黒島では粟をアーといい、昔は、泡盛の原料は粟であった。泡盛をアーモル・アワザケなどという。粟は粳種のサカアー(品種名)を用いた。原料の量は、そのときによっても違うし、造る家によっても違うが、粟一斗の家もあるし、三斗、あるいは五斗のときもある。粟を一晩水につけておき、翌日、水をきり、桶状の蒸籠《せいろう》に布を敷き、粟を入れて、大きな鍋で蒸した。よく蒸したら、筵《むしろ》に広げて、冷やす。シャモジなどで上下を返して、まんべんなく冷えるようにした。これに麹を入れてかき混ぜた。全体を真ん中に盛るようにして、莫蓙《ござ》や筵・毛布などを掛けて発酵させた。このとき、発酵させる部屋は暗くしておいた。外の風や光が当らないように囲いをして暗くした。このように光を当てずに暗くすると、クロバナ(黒麴)になり、酒にはこれが最適であった。光を当てた麴をキンバナといい、黄色のカビが付いた。これは味噌を造るのによい。このようにして一週間ほどおくと発酵した。三日くらいで熱くなって発酵することもある。その加減を見るのに、手を入れてみて、熱さを確かめた。全体が熱くなっていたら、すぐに広げて冷ました。

発酵したものをムル（モロミのこと）という。ムルを粉にして、大きな甕《かめ》に入れた。この甕を、モロミを入れる甕という意味でムルカミという。アーモルを造る専用の甕である。原料が粟一斗なら、水一斗を甕に加え、よくかき混ぜておく。粟が三斗なら、水も三斗というように等量を混ぜる。一週間か二週間くらい日が経つと、アーモルのにおいがプンプンしてくるようになるので、器械を使って蒸留した。

最初に取れた一升をイーチドルといい、アルコール度数の高い酒である。材料の量によっては三升くらい取れることもある。次から順におおよその目安として三升、四升、五升と取るが、それぞれを区別した呼び名がある。

一升――イーチドル・アーモル・アワモリ・アワザケ［四〇度から六〇度くらい］

三升――ミーチドル・ミツドリ［二五度くらい］

四升――ユーチドル・ヨツドリ

五升――イッチシドル・イツツドリ・サキ・サケ［一五度から一〇度くらい］

と呼んで、それぞれ区別した。イーチドルは少し高いところから盃に注《そそ》ぐと、細かな泡がビールのように盛上がるので、アーモルというのだ、と黒島の人たちは語っている。他のミーチドル以下のものでは、注いでも泡は盛上らない。黒島では一般に、サキ・サケというときは、イッチシドルをさしている。

黒島ではアーモルは正月などには欠かせないものであった。正月などの神様に捧げるので、各家でぜひとも用意しなければならなかったのである。アーモルを手に入れるには、島内にある酒屋に頼むか、蒸留する器械を持っている家といっしょに造るかする。酒屋は第二次世界大戦以前にはアースン（東筋）集落とミャーザト（宮里）集落に一軒ずつあった。戦後は数軒になった。蒸留をする器械を持っている家を中心に数軒の家で組を作り、醸造することもあった。その場合は、原料の粟だけでなく、蒸留をするときに必要な薪も持ち寄った。こうした組はアースンだけで六組もあった。また、酒屋で造るにしても、数軒の組で造るにしても、いつもアーモルを作るとは限らず、度数の低いイッチシドルなどを造った。年に何度もある祭祀《さいし》用のアーモルは、各ワン（御嶽＝聖地）の神元の家で造ることが原則であったが、それ以外は、酒屋に頼んで造ってもらうようになっていた。しかも、神祀《まつ》りごとに造るのではなく、大きな神祀りに造って、他の神祀りのためにアーモルを保存しておいた。アーモルは古くなるほどおいしくなるので、それで十分であった。

グーシの由来

正月など神祀りに供えるアーモルをグーシという。これには次のような話が伝わっている。

畑で仕事をしていると、木の股のところで何かついばんでいた雀がふらふらしながら飛んでいるので、不思議に思って木の股のところを見ると、水が貯まっている。口にしてみると、とてもおいしい。よく見ると、ここには米や麦・粟・黍・モロコシなど穀物の糟《かす》があった。それで、これは雀があちこちから集めてきた五穀が貯まり、それに雨が降っていつか発酵したものだとわかった。五穀の水なので、「五水＝ゴスイ」、訛《なま》ってグーシといわれるようになった。

黒島や竹富《たけとみ》島でも語られる昔話で、沖縄ではあちこちで聞ける話である。題して「雀酒屋」といい、酒の始まりは雀が人間に教えたのだという昔話である。

粟のドブロクは噛み酒

黒島ではグーシの他にドブロク系の酒を造った。これは黒島に限ったことではなく、沖縄の各地で造っている。二、三を紹介しよう。

黒島の豊年祭は現在では七月下旬に行なわれており、このときに粟を材料としたドブロクを造った。これをミスクとかミスと呼び、神酒《みき》である。昭和初期までは女性たちが噛んで造ったので、カンミキ（噛み神酒）といっていた。口を塩で洗ってから噛

図6　黒島でのミスク造り

真夏の豊年祭に捧げる神酒《みき》（ミスク）を造る。昔は粟、現在は米が材料である（沖縄県竹富町）。

んだという。三ヵ日間おくと酒のようになり、おいしくなった。一時は石臼などで挽いて作った。現在では、材料も粟から米に変り、これを飯に炊いてから、ミキサーにかけて細かにして水と砂糖を加えて二、三日おくと、ミスクができる。真夏の暑さで発酵も早く、甘味と酸味の混じりあった神酒になる。とてもおいしい飲み物で、酷暑のなかの神祀りには欠かせず、生気をとりもどす飲み物であるといえよう。現在はミキという名称で缶ジュースとして売っている。なお、神祀り以外のときにもミスクを造って、畑仕事などのときに飲んだ。亜熱帯気候の黒島といえども冬の畑仕事は気候によっては寒い日もあるので、寒さ除《よ》けの一つでもあった。

このミスクは粟（現在は米）を加熱してから、砕いて、水と砂糖を加えて発酵させているが、沖縄県宮古島《みやこじま》市伊良部《いらぶ》の佐良浜《さらはま》で造る粟の神酒は手順が少しちがって、粉にしてから加熱し、発酵させている。この神酒はやはり粟が原料で、それぞれの家で作っている。神祀りには各家庭からも粳種の粟を供え物として持ち寄り、それを粉にしてから、大きな鍋で煮詰める。これを漉して発酵させる。七月の下旬でも三日目には発酵する。日に日に味噌のように固まり、これを神様に供えた。祀りが終わってから、これを水でうすめ、神様のお下がりの酒としていただくのである。発酵といっても、子どもも飲める程度のもので、夏の神祀り、秋の神祀りには楽しみにしていた。この酒はアービューイ（粟の収穫祭）に造ったもので、ンマダリという。ンマダリは「おいしい」という意味であるという。各家庭でもたくさん造り、家族だけでなく、親戚などに配って飲み合うものである。このンマダリも嚙み酒で、平成九年（一九九七）の神祀りにも粟一〇〇％で造っていた。とても興味深いことに、神様に供える粟の酒をンマダリといい、家庭で造って飲むものをンツとかアーンツ・ンマンツ・ンマガマ・ビューインツなど呼んで、区別していることである。

このように神様の前でいう言葉と家でいう言葉が区別されているのは、神酒にたいしてだ

図7　伊良部島のンマダリ造り（1）
粟を粉にしてから加熱して発酵させる（沖縄県宮古島市）。

図8　伊良部島のンマダリ造り（2）
粟の収穫祭に捧げる神酒（ンマダリ）を造る。材料は粟100％（同）。

けではない。海の豊穣を意味する小魚類の神饌《しんせん》をインヌユというが、家ではスキジューという。これらの粟の酒や小魚類は名称が異なるだけで、品物が実質的に異なるわけではない。また、神様に供える神酒（泡盛）を注ぐ杯をユーハウダイというが、家においては別の言葉で表現した。

アーモル（黒島酒）を闇で売る

先に記した黒島ではアーモル造りが盛んであった。第二次世界大戦直後の新聞記事から紹介してみよう（『竹富町史』十一資料編、「新聞集成」Ⅳ、二〇〇一年）。

昭和二十二年（一九四七）七月十四日付『海南時報』によれば、黒島で製造する焼酎《しょうちゅう》二十石のうち、十石は自家用として島内消費に充当し、残りの十石を石垣町（当時）に移出して納税することを、財務部では承認してきた。しかし、誠実に移出申告をして納税もきちんとする者もあるが、夜間に刳《く》り船を利用して、ひそかに石垣島やその他の島に持ち出したり、黒島が承認を得ているのを利用して「黒島酒」と称し、町内に売りさばいたりしているので、弊害も多い。そこで現在は食糧も経済事情も相当よくなってきているので、承認の必要がなくなった。七月十二日付けで黒島島外移出を禁止することを断行する。もし、これに違反し、移出をする場合は、同島内全酒造場にたいし、酒造免許の強制取消、または醸造中止をすることになった、との財務部からの命令があった、としている。

さらに、黒島以外の各離島は自家用免許制で、移出は絶対にできないことになっている。この規定を犯し、ひそかに移出した事実が発見されたときには、黒島と同じ処置を取る。その他の料理店・飲食店、ならびにその他の者がひそかに移入酒を買入れた場合は、発見次第、現品は没収のうえ処罰されることになるので、関係者はくれぐれも注意するように、とのことであった。

この記事によれば、黒島では、他の島に制限付きといえども、焼酎を自家用も他島への販売も許可されていた。しかし、他の島では自家用醸造は許可されていたが、販売は許可されていなかったことがわかる。しかし、実際は、そのような許可されたとおりに厳守していたわけでなく、黒島も他の離島も許可以上のことをやっていたからこそ、今回の全島外移出禁止の措置を取ったことになる。新聞記事は、その後いっさい、酒造の記載がないので、その後の状況は不明である。

第二次世界大戦前の酒造元の状況は、石垣島に四ヵ所、黒島に二ヵ所、西表《いりおもて》島、波照《はてる》間《ま》島、与那国《よなぐに》島に各一ヵ所ずつあった。これは石数限定のうえ、自家用酒として許可されていた。戦後になって許可された醸造場は全体で四十四ヵ所になった。これらの石数は、昭和十八年度は八百八十二石、同二十四年度には千八百五十七石であった。戦後の酒造の増加は、八重山の歳入の首位を占め、税収の総額の五〇％に当たるもので、困窮していた八重山の財政確立に大いに貢献した（八重山復興博覧会『新八重山』八重山民政府、一九五〇年）。当時の八重山民政府の財政難が酒税で立て直されたというのも、いかに産業がまだ確立していなかったかを示すものであろう。一方、各島の人々がいかに、焼酎を飲んでいたかの証左でもあろう。

最後に付け加えれば、黒島の酒造元は、どの時代においても石垣島に次いで多い。特別に大きな島ではないので、何か理由があって、醸造について世間に知られた島であったのだろうか。材料となる粟の生産が盛んであったことも一つの理由であろうが、もう少し何か理由がありそうである。

昭和十六、十七年の雑穀の酒・甘酒造り

雑穀の自家醸造酒と甘酒の記録

昭和十六年（一九四一）、十七年に食生活に関する全国一斉調査が行なわれ、『食習採集手帖』としてまとめられた。この調査は民間伝承の会が中心となって、全国で食習俗に関する百項目の同一質問をしたもので、調査結果が現存しているのは八十四地区である。この調査成果を集成したのが『日本の食文化』、および『日本の食文化』補遺編（岩崎美術社、一九九〇年・一九九五年）である。百項目のうち、八十七番目の質問は甘酒について、八十八番目の質問は濁酒《にごりざけ》についてである。この二つの項目によって、雑穀の濁酒と甘酒について記した地域の様子を以下に記してみることにする。具体的な事柄に触れる前に、その調査結果について二点ほ

ど特徴的なことを述べておきたい。

第一に、濁酒は自家醸造《じょうぞう》といっても、他の味噌・醬油と異なり、近代法の一つである酒税に関する法律が明治時代の早期に施行され、明治二十七年（一八九四）、二十八年の日清戦争以後には濁酒を含む自家用酒造が全面的に禁止された。そのため、八十四地区のうち雑穀の自家醸造を記しているのは五地区にすぎない。「明治時代には造ったが……」「昔は造ったが、今は禁止されているので」といって断り書きをしている地区が多くある。実際に醸造していても、密造になるため、書くことが憚《はばか》られた様子がうかがえた。したがって、全国各地ではもっと多くの雑穀の濁酒が醸造されていたと思われる。

第二に、甘酒を醸造する機会についてである。現代では、甘酒は特定の日に飲むこともあるが、ふだんのときにも飲用している。とくに、寒い冬場には最適の飲物である。しかし、この調査を見ると、濁酒はふだんでも飲む地区もあるが、甘酒は特定の日に飲むことが圧倒的に多い。祭のときや年中行事のときにはかならず醸造して、子どもたちや女たちの飲用にしていることである。清酒や濁酒をふだんに口にする機会の少なかった女たちの飲物であったことがわかる。また、発酵してもアルコール分の少ない甘酒は子どもたちの飲物でもあった。甘味料の少ない時代にあって、甘味の濃い甘酒は子どもたちや女たちが飲める日を待っていた飲物であった。

付け加えるならば、前節「粟のドブロクは噛み酒」で取り上げた沖縄県の宮古島《みやこじま》市の伊《い》良部《らぶ》島のアービューイに造った粟のアーンツ、竹富《たけとみ》町黒島の粟のミスクなどは本土の甘酒と同じ発酵飲料で、アルコール分がほとんどないので女たちや子どもたちも安心して飲めるものであった。特定の神祀《まつ》りの日に造って、神饌《しんせん》として供え、その場に集まったすべての参加者に配るのである。酒といっても、清酒や濁酒・焼酎《しょうちゅう》などさまざまあるが、特定の日や年中行事に決まって造り、子どもたち、女たちも含めた参加者全員が飲用する甘酒は、神祀りや年中儀礼とのつながりも含めて注目してよい飲物であろう。

秋田県の粟・稗・コザキの濁酒

秋田県仙北《せんぼく》市に属する旧角館《かくのだて》町に近い山間の村々では粟や稗、米のコザキで濁酒を造っていた。コザキは米の砕けたものをいう。寒中に造ったものをムンヅクリといい、雪室《ゆきむろ》のなかに造るものを「雪モロ酒」といった。雪室は雪のなかに作った貯蔵庫である。多くは貯蔵するための穴で、藁《わら》などで囲うこともある。冬中の野菜の貯蔵をしたり、冬季にはこの中で納豆作りをしたりすることもあった。

明治時代には税金を払って各戸でも神社でも醸造していた。神社の場合は祭礼用に醸造したし、若者たちは「春の野がけ」や「秋の八皿《やさら》」のときには前もって共同で醸造したりした。「春の野がけ」は、山仕事のときの山祝いや春先の野良仕事にかかろうとするときに行なう村内一斉休みに、重箱にご馳走を詰め、野外で共同飲食を行なうことをいい、「秋の八皿」は秋の取り入れが済んだときに宿を決めて男女とも集まり、一夜酒を飲みながら、共同飲食をすることをいう。このときに粟や稗・コザキの濁酒を飲んだのである。

それぞれの家では女の人が濁酒を造った。濁酒をよく作った時代には三度三度に飲んでいたし、寝酒といって、寝る前に飲んだので、濁酒の量は大量であった。第二次世界大戦前までは、「平均一戸年二斗ぐらいは飲んだようであるが、今は平均したら七、八升のものである」と記している。雪国の冬には冷えた体を温めるには濁酒を飲むのが最適であった。三度三度の食事時にも寝酒の習慣も東北地方ならではの観がある。

熊本県八代市久連子の濁酒と焼酎

熊本県の久連子《くれこ》では濁酒をドブとか、シロウマとかサケとかいっており、祭・祝いごと・仏事・神事のときに造った。主材料は米・粟《あわ》・稗《ひえ》・唐黍（トウモロコシ）である。米の生産がほとんどない地域なので、購入した米であろう。材料の割合は、米や粟などの穀物一升にたいして麹三合・水一升である。穀物を飯に炊いてザルにあげて冷まし、すっかり冷めたら麹と水といっしょに桶に入れて混ぜ合わせた。桶のなかに箸の長さの菊の茎を挿しておき、発酵の目安にした。同時に二個の炭火を入れておく。ふたをして密封しておくと、夏は一週間で、冬は二週間で飲み加減になる。

久連子では焼酎も造っており、材料も濁酒とほとんど同じであった。粟・稗・米の他に、麦・唐黍なども使った。いずれも皮のまま煮て、桶に麹と水を入れてかき混ぜる。このとき茶碗一杯の木灰を入れた。これを鍋に移し、沸騰させた。鍋の上にもう一つの鍋を置き、水を入れて、下の鍋の中身が沸騰して上の鍋にあたり、蒸気となって冷却され、その水滴が一方から流れ出していくようにし、それを貯める仕組みにしてある。焼酎は各家で造った。なお、ここではトウモロコシをトウキビ、モロコシをタカキビといっているが、前者は濁酒や焼酎の材料にもした。

麦　酒

岡山県高梁市《たかはし》（旧、備中町《びっちゅう》平川）では明治中・末期には麦酒《むぎざけ》を造っていた。米五・麦五の割合の麦飯を半麦というが、その残り飯か、暑さのためにいたみかけたときに、米麹を混ぜておくと、発酵してきた。混ぜておけば、すぐに発酵してくるので、それを冷めたいままで飲むか、沸かして飲むかした。だいたい、夏の熱いときの飲み物であった。麦酒は個人の家で造るものであった。

麦焼酎

長崎県対馬《つしま》市の旧厳原《いづはら》町の佐須《さす》地区でも麦焼酎を造っていた。これは夏に造るもので、一年間で総額二石以上の焼酎を造ったと推測され、客がくればお茶を注ぐことはせずに、焼酎を注いだといわれるほどに日常的に飲んでいた。課税されるまでは各戸で造っていたが、それ以後は村共同で造るようになったという。

ここでは芋焼酎も造った。糯種《もちしゅ》の粟を材料の一部に使ったり、麦糠《ぬか》を麴にして使ったりしたので取り上げてみた。芋焼酎は九月か十月ごろに造るもので、仕込んで二十日くらいで蒸留することができた。よい芋焼酎を造るには、糯種の粟か米を蒸して入れるとよい。また、糠麴には麦糠を使った。これは蒸してむしろに広げ、何かをかぶせておくと麴になった。芋焼酎の製法は、甘藷《かんしょ》を蒸して、皮を取って桶に入れ、すりつぶして糠麴を混ぜて桶に仕込んだ。芋焼酎をヤマネコといった。これは一種の隠語で、山で密造していた時代の言葉であろう。

雑穀の甘酒を造る

雑穀を原料にして甘酒を造っていた地域は多くある。甘酒は麴を使って穀類を発酵させた飲物で、何か特別の日のために造った。とくに、女性や子どもたちは飲むのを楽しみにしていた。

岩手県北上市の立花では正月二十四日に秋葉山の火祭りを行ない、神楽《かぐら》が各家々を回って歩く。そのときに下舞といって、子どもたちが踊って歩くので、甘酒を振舞った。この甘酒は稗や粟、糯種の米、粳種の米のクダケ（砕け）を材料としたものである。また、八十八夜のころ味噌造りをした。味噌を造るには、甘酒の粕を入れるので、その時期にも造った。甘酒の材料は稗や粟である。祭には米で造った甘酒を用意した。

長野県川上村でも大麦や粟で甘酒を造った。ここではふだんにも飲んだが、祭のときも大麦や粟の甘酒を飲み、米で造ることはなかった。

奈良県桜井市初瀬《はせ》でも祭に麦と麹で造った甘酒を飲んだ。「初瀬の天神さんは甘酒ずきだ」といってよく造った。

瀬戸内海の島である香川県の高見島の祭にも甘酒は欠かせなかった。古くは祭だけに造ったというが、昭和十年代においては夏祭や秋祭にも米で造った。ただ、ふだんの間食にも飲むので、麦を材料にした甘酒もよく造った。お粥を炊いて、人肌まで冷やし、それに買った麹を混ぜておくと、翌日には発酵してでき上がった。

味噌と酢を造る

茶請けに喜ばれた粟味噌

八重山《やえやま》の島々では味噌を造る麹《こうじ》を小麦や米・粟《あわ》で作り、それぞれの違う味を使い分けていた。ふだんに使うのは小麦の麹で造った味噌である。

米が多く取れる西表《いりおもて》島では米だけで麹も主材料も造る味噌は、白味噌といって、ふだんにも使うが、正月などに使った。また、油味噌にして、おかずにもした。

波照間《はてるま》島の粟味噌は、粟を麹に寝かせて味噌を造った。この味噌は、サウキミソ・サウキミシュといって、茶請けの味噌であった。このあたりでは遠くの田んぼや畑に行って働いているのは若夫婦で、オバーたちは家にいて、子どもの面倒を見ながら留守番をしているのが常で、隣近所のオバーたちは寄り集まっておしゃべりをした。そのときの茶請けに出されるのが粟の味噌、サウキミシュである。また、昔、糸芭蕉《いとばしょう》を繊維にして衣料を作ったが、その糸を紡ぐときは、寄り集まって仕事をした。その茶請けにもなった。現在では、茶請けの菓子類が豊富なので、粟味噌を使うことはなくなったが、どちらかといえば、先代のオバーたちの茶請けであった。

粟味噌はさっぱり味

平成十五年（二〇〇三）まで粟味噌を造っていたのは、石垣市白保《しらほ》の仲島タマさんである。大正五年（一九一六）生まれの仲島さんは畑に粟を作り、神祀《まつ》りのときには神様に奉納して村の人々から感謝されていたのであるが、近年、体調を崩し、粟の栽培も粟味噌を造ることも断念したということである。白保では粟のことをアンと呼んでおり、仲島さんが昔作っていた粟は三種類で、モチアン（糯粟）・シロアン・アオアンであった。近年まで作っていたのはシロアンで、アオアンとともに粳種であった。シロアンは粟の飯にもしたが、粟の味噌を造りたくて栽培した。きれいに精白した粟を洗って、蒸し釜に入れて蒸して、ハナ（麴菌）をたてて麴にした。大豆を炊いて潰《つぶ》し、粟の麴と塩とを混ぜた。味噌を造る季節はいつでもよいが、ハナをたてるには冬季間はむりである。「暖かくなったらやります」と仲島さんにいわれていたが、実際には、平成十五年には七月中旬に粟の麴を造り、味噌造りをした。約一週間で味噌になるが、長くおいても二十日ほどで味噌になる。もちろん、自家用の味噌で、毎日の味噌汁に入れて使う。粟味噌は味噌汁に入れると固まる、と仲島さんはいうが、食べたことのない者にはちょっとどのような味噌汁になるのか、想像してもイメージがわかない。家族も「固まるから、おいしい」「固い味噌汁」「トロットロッという感じの味噌汁」というふうに説明してくれ、「とにかく粟味噌が一番おいしい」というのが仲島家の人々の話であった。

なお、仲島さんは、白保集落の神祀りに欠かせない粟を作って毎年奉納していただけではなく、自分の家でもスィクマには、一番座と二番座の間にあるナガバシラ（中柱）と呼ばれる柱に稲穂と粟穂をかけて祀った。スィクマとは初穂儀礼である。なお、一番座は、家を象徴する香炉《こうろ》を祀っている床の間を設える部屋をいい、二番座は、一番座に続く先祖を祀る仏間をいう。

四番酒から酢を造る

先述したように八重山の神祀りには泡盛《あわもり》が欠かせない。粟や米を蒸して自家製の麴を使って醸造・蒸留して造る。島内の酒造元に頼むときもあったが、多くは数軒で組を作って自家醸造をした。そして、蒸留したときに取る順番から一番酒・二番酒・三番酒と呼ばれたこともどの島でも同じであった。

　ここでは四番酒から酢を造った話を、新城《あらぐすく》島生まれの城間《しろま》トミさんに聞いたので、記しておこう。現在、八重山諸島の一つである新城島には人が住んでいる家は数軒であるが、第二次世界大戦中や戦後にかけて西表島や石垣島に移住した家が多く、神祀りともなると、その人たちが帰り、たいへんな賑わいになる。城間トミさんは大正八年生まれで、昭和十六年に西表島の大原に移住した。大原に住んでから長くなるが、新城島での生活の話はとてもよく憶えていて、詳しい。酢を造るには次のようになる。

　一番酒は火を近づければ、バッ、バッと燃えるほど強いが、四番酒・五番酒あたりになると、酒のにおいはするが、酒の味はなくなってくる。四番酒を取ったら、一斗甕や二斗甕に入れておいた。水は入れずに、そのままおくと、酢になった。発酵してくると、一番上に白いカビが付いてくる。これをすくいとって捨てた。この白いカビは「もう酢ができたよー」という印《しるし》であると城間さんはいう。イモでも酢を造ったので、「これは酒の酢、これはイモの酢」といって、区別しておいた。酢をペィールといったので、それぞれ酒のペィール、イモのペィールといった。どの家でもペィールは常備しておくものであったが、たまたま使いきっていたりすると、隣の家に行き、「酒のペィール、あったらすこし分けてー」といって、湯のみ茶碗に一杯借りてきた。刺身を食べるときによく使うので、やはりないと不自由する調味料であった。

酒糟の利用とイモザケ

黒島でも、泡盛を造る過程で最後に残った酒糟《さけかす》で酢を造った。酒糟をカスザイといい、酢を造った後に残るので、イモを炊いて、カスザイと水を混ぜて、また、蒸留して酒を造った。これをイモザケといった。

イモザケを造った後にもカスザイは残った。これにはダイコンの葉を入れて漬け込み、糟漬けを作った。おいしいもので、副食物の少ない時代には、大切なオカズになった。また、どの家も豚を飼っていたので、カスザイを豚のえさにした。酒糟は最後の最後まで無駄にすることなく、使いきった様子がわかる。

酢は刺身の調味料

新城島では刺身を食べるときに、四番酒・五番酒を発酵させて造った酢を調味料に使ったというが、現在、刺身に使う調味料は醤油である。香辛料はワサビで、醤油とともに使うことが圧倒的に多い。

刺身を食べるのに酢を調味料にしていたことは、実は、古い時代にもよくあった。刺身は、室町時代の文献にも見られる料理で、「こい　さしミ　□《すカ》」「まなかつほ　さしミ」などとある（原田信男「中世村落における食生活の様相」『飲食史林』四、一九八二年）。これは十六世紀初頭の和歌山県の領主の饗応の献立に見られたもので、鯉の刺身に酢の調味料が使われたことが推測できる。また、中世では、魚肉の生食に、酢による膾《なます》とともに、刺身にそえる調味料として酢が用いられるようになり、江戸時代に、煎酒・酢・味噌が醤油の普及以前には使われていた。刺身という魚介類の生食には、防腐作用も持つ酢が調味料として適当であるし、魚の酢締めも同様に防腐の意味がある。新城島で最後に取った泡盛から造った酢も刺身に使っていたのは、伝統的な食のあり方であった。

最後に、現在も雑穀で醸造した食品があるので、紹介しておこう。

現代の雑穀による酒・味噌・醤油

酒については山梨県の笹一酒造会社が焼酎「阿礼のひえ」を試作した。岩手県や岡山県でも酒を造ったとの情報がある。雑穀栽培を再開した地域では、その地域の特産品として醸造を始めたのである。

私が入手したのは味噌と醤油で、入手経路は東京医科大学病院の売店である。ここで販売している理由はわからない。たとえば、雑穀の調味料でないと、アレルギーを起こす患者のための商品とも考えられるが、詳細は不明である。店員に聞いてもわからない。しかも、その二商品は別々の会社で製造したものである。

味噌は「あわのみそ」の商品名があり、粳粟と食塩のみを原料としている。つまり粟一〇〇％の無添加の味噌である。味は甘いので、味噌汁には適さず、なめ味噌に適している。

製造元はマルカ味噌株式会社（千葉県東金市《とうがね》）である。

一方、醤油は「粟《あわ》しょうゆ」で、粳粟と食塩を原料としている。これも粟一〇〇%の醤油である。販売元は株式会社中田物産（東京都練馬区）である。

医薬品としての泡盛

先述した四番酒から酢を作った新城島出身の城間トミさんによると、泡盛は、粳種の粟を炊いて寝かせて麹を作るが、これにはわらなどの灰をすこし混ぜるので、黒麹になった。これをモロミにして自家製の蒸留器を使い、泡盛を造った。正月・盆・豊年祭や他の神祀りにも欠かせない泡盛なので、どの家でも造るものであった。泡盛をサイといい、強い順番に一番酒・二番酒・三番酒という。このうちの最初に取る泡盛である一番酒を打ち身などの医療用に使った。アルコール度数は四〇度から六〇度くらいある強い酒である。それで「最初の一升を取っておけよー」といって、特別に取っておいた。新城島には医者はおらず、打ち身などをしたときにはこれを付けて治すのである。もしも、自分の家になかったときは、隣の家に行き、もらってきて付けた。

黒島でも一番酒であるアーモルは医療用に用いた。傷や神経痛のとき、打ち身のときに使った。神経痛には痛むところに付けてもんだ。神経痛でなくとも足が痛くなると付けていた人もいた。また、アーモルと水と酢を等量入れて、混ぜ合わせたものをサンバイジル

（三杯汁）といい、造ったものをビンに入れて保存しておき、ケガなどをしたとき、傷口に付けた。傷口からヒングル（細菌）が入って破傷風《はしょうふう》になるのを防いだという。化膿しないための一種の予防薬であった。付けてもよいし、飲んでもよい。「サンバイジルはとても〝毒ガエシ〟になる」という。神経痛などで体のあちこちがいたいときにもサンバイジルを飲んだり、付けてもんだりした。サンバイジルは「打ち身の薬」ともいって、打ち身のときも付けた。

竹富島の昭和二十年代生まれの人は、子どものころ、夏になると、腕や足に泡盛を付けてもらってから外に遊びに出た。これは蚊を寄せ付けないためであるという。

粟や稗などの雑穀を原料とした醸造の食品は、酒類・味噌・醤油・酢に加工されて、嗜《し》好品《こうひん》や調味料として広範囲に利用されてきた。また、医療用に用いられていたことは、医療施設の整わない時代にあって、泡盛が地域医療に果たした貴重な知識を地域で蓄積していたことを知らしめるものである。

雑穀を栽培する

畑作の面白さ

耕地の多彩な使い方

これまで雑穀の食べ方をさまざまな視点から見てきて、食文化として見た雑穀のあり方が米の食文化とも違う側面を持ちながら、実に多彩であることがわかった。その多彩な雑穀の食文化を支えるのは栽培であるが、その実態はどのようなものであろうか。

作物を栽培するには耕地が必要である。この作物栽培の基本になる耕地には、大ざっぱにいえば、灌漑《かんがい》を行ないながら栽培する水田と、灌漑しないで栽培する畑がある。稲の栽培は水稲《すいとう》栽培と陸稲《りくとう》栽培とがある。したがって、稲は水陸両用の栽培植物であるが、日本における稲作の多くは水稲栽培を旨として発達してきた。陸稲は畑作地帯である関東地方などでは多く栽培もされてきたが、その実態は雑穀栽培に似ていて、とても興味深い。農家の人たちの陸稲に対する栽培感覚が雑穀と同等に扱っている点が見受けられるからである。これは農家にとって当然のことである。栽培の基礎になる耕地が、雑穀やイモ類やマメ類と同じ畑だからである。

畑作においては、同一の畑を、作物を換えて使うもので、毎年繰り回して使うのである。同一の畑に同じ作物を栽培すると、連作障害をおこしてしまい、作物はうまく実らない。この連作障害を東京都の西部にある多摩地方ではクナといい、クナを避けるようにして栽培するのである。たとえば、今年、稗《ひえ》を栽培した畑には、翌年にはサトイモを作るというふうに、作物を替えてクナを避けたのである。畑作の栽培技術の大きな基本といえよう。それにたいして、水稲稲作では、同一の耕地（水田）に毎年稲を栽培する。畑と水田ではそういう基本的な違いもある。

以下において耕地をどのように使い分けたか、概観してみよう。

水田は稲だけのものではない。私たちは水田といえば、稲を栽培する耕地と考えてしまうが、日本の耕地の大半はそうであるけれども、わずかながらも水田で栽培される稲以外の作物もある。たとえば、水田稲作の裏作《うらさく》として栽培される田麦《たむぎ》（田んぼに栽培される麦）や田芋《たいも》（田んぼに作るサトイモ系の芋）・レンコン・クワイなどに加えて、稗の栽培がある。東北地方では寒冷な気候でも育つ稗を水田に栽培したし、冷水がかりの水田にも栽培した。それのみか、水の取り入れ口はどうしても冷水の状態なので、稲の発育を阻害してしまう。そのために水の取り入れ口やその周りには稗を植え、温《ぬる》んだ水になったところに稲を植えた。要するに、一枚の水田でも田の畔に近い場所には稗を、稗の中側に稲を植えたのである。

水田に栽培する稗については後に詳述するが、田麦と田芋について少し触れてみよう。田麦は、畑に栽培する麦類（大麦・小麦等々）にたいして、田んぼで栽培する麦という意味である。夏作物としての稲を収穫した後で種播きをして、翌年の六月に田植えをする前に収穫する。したがって、一年のうちに、同一の水田で二つの作物を栽培するという効率的な農業だということもできる。田麦栽培は麦が栽培できる温暖な気候の地域であることが条件である。関東以西の地方は田麦栽培が可能で、同一の耕地から二種類の穀物が収穫できるので、その分、食料、あるいは換金作物としての収入も多くなり、生活が豊かになる。そうした地域では、畑や水田で取れた麦を自家の食料にあて、高く値の付く米を少しでも多く販売するよう心がけていた。

一方、田芋は現代の人たちにはなじみが薄い。サトイモに似た芋で、水田（湿地）で栽培する。沖縄県ではターンムといい、現在も栽培している。興味深いことは、沖縄県の南城《なんじょう》市（旧、知念《ちねん》村）の百名にあるウキンジュ・ハインジュ（受水走水）は沖縄の稲作の発祥地といわれ、岩壁におおわれた山の割れ目から水がほとばしり出て、そこに神様が祀られており、目の前の小さな田んぼ二つに稲と田芋が栽培されていることである。田芋は南方の栽培植物であり、古い時代に日本に伝来した芋である、と文化的に語られている。沖縄の水田のある地域、たとえば、渡嘉敷《とかしき》島や石垣《いしがき》島や西表《いりおもて》島などで近年も栽培されていたし、那覇《なは》市の公設市場や石垣市の公設市場で販売されており、那覇市の市場の食堂では食べることもできる。鹿児島県喜界《きかい》町では平成十八年（二〇〇六）にも栽培されている。

私が本土で見た田芋系の芋は、東京都台東区にある下谷《したや》の鷲《おおとり》神社の酉《とり》の市においてである。これは江戸時代から続いているものらしく、「頭の芋」といわれ、人の頭にたつように出世できるという縁起物《えんぎもの》として酉の市にはかならず売られていた名物の芋である。ところが平成十八年の秋、東京都奥多摩町小丹波の原島利次さんが頭の芋を畑で栽培しており、それをもらって食べる機会に恵まれた。口の中でとけていくようなおいしい芋であった。

もう一つあまり知られていないが、田んぼではないが、耕地に水をかけ流しにしながら麦類を栽培した例がある。これを水かけ麦という。次に詳しく見てみよう。

水かけ麦の栽培

水かけ麦の栽培は寒冷地で行なう麦類の栽培法で、主に雪害から守るのが目的である。すなわち、水田の裏作や常畑では寒さのために栽培できない地方で行なうもので、冬季間でも一四、五度ある暖かい水を畑にかけ流して行なう栽培法である。近代において栃木県・山梨県・長野県・岐阜県・京都府・鳥取県・島根県で行なわれていたことが報告されている。

ここでは山梨県富士吉田市の水かけ麦について紹介しよう。富士吉田市は富士山の北麓に位置し、市域の標高は六五〇㍍から八〇〇㍍までのなだらかな斜面の地形になっている。実は、このなだらかな斜面になっている地形こそが水かけ麦栽培の条件の一つなのである。

水田が作物を育成させるには、必要なときに均等な水嵩《みずかさ》を湛《たた》えていることが必須条件であり、そのためには水平な耕地でなければならない。畑は斜面であっても作物の生育は可能であるが、作業上の労働という点からすれば、できるだけ平坦な耕地であることが望ましい。しかし、水かけ麦にあっては、斜面耕地でなければ、冬中、水をかけ流すことができない。要するに、水かけ麦の栽培条件は、一つに斜面であること、二つに水利があることなのである。

富士吉田市の水かけ麦は中世から行なわれていたという記録（『妙法寺年録《みようほうじ》』）があり、古くからの栽培法であったことがわかる。この記録のなかに「冬水麦《ふゆみずむぎ》」という言葉がある。これは「冬水畑に作る麦」という意味で、「春水畑《はるみずばたけ》」と対《つい》になった言葉で、冬水畑と春水畑は、同じ用水から水を取水するために水の季節的配分を畑によって区別した言葉である。水かけ麦の畑には水が流れるように、溝が縦横に切ってある。冬水畑は、寒三十日前（十二月初め）から春彼岸（三月二十一日前後）の厳寒期を中心に、春水畑は秋彼岸（九月二十二日前後）から寒三十日前までと、春彼岸から春土用（四月二十日前後）を中心に水をかけ流した。水をかけ流して栽培するのは、寒冷地では冬の間、麦の根が凍ってしまうのを防ぐために、水温一四、五度の水をかけることで、その生育を助けることにある。したがって、どの畑にも水をかけたいが、用水不足のために冬水畑と春水畑とに区別し、水の季節配分を行なうのである。厳寒期に主要に配水される冬水畑は、当地域では上畑に多く、税金や小作料も春水畑に比べて高いとされていた。それにたいして、春水畑は厳寒期の配水が低いので栽培も大変であった。また、大麦は小麦に比べて発育が悪いため、一晩でも水が止まると生育が難しいので、充分に配水される冬水畑で栽培された。成育のよい小麦は厳寒期の配水が少ししかない春水畑に作った。なお、用水は、冬水畑・春水畑で使わない季節、すなわち、春から秋までは田用水として使用された。

以上のようにきわめて複雑な配水をともなう水かけ麦栽培であるが、当地域の麦栽培は三通りあり、常畑に作るオカムギ・水かけ麦、田んぼの裏作に作る田麦がある。それぞれ地形と気候によって作り分けた。

水かけ麦は傾斜畑だからこそできる麦栽培技術であるが、もし、ここが傾斜していない畑であったらどうか。配水がされる畑であるのだから、平坦な耕地であるならば、当然水田にしたいと思うのが日本人である。ここでも江戸時代から「畑田成《はたたなり》」といって、田んぼに造成できる水かけ麦の畑を田んぼにしてきた。斜面を水平な水田にするのであるから、斜面の一部を削り、耕地を平坦にしていく。そうしてできた田んぼは、隣り合う上と下の水田の高さが一㍍余の差ができる。つまり、田んぼの畔は一㍍以上も上にあるわけで、この上と下の田んぼでは、稲を作っても収穫量が違う、とまでいわれた。それほどまでに寒暖の差があり、夏でも日によっては富士山から吹き降ろす風は「地《じ》ぶり北風《きたかぜ》」といわれて、上着が必要なほどの寒さになる。その寒さが米の収穫量に影響を及ぼした地域であった。しかし、この地も大正年間に水力発電所ができたことで、水の季節配分が不可能になり、昭和初期までに水かけ麦栽培は終わった。

山村で日当たりや土質を認識する

米は西日の当たる土地のほうがよくできる、といわれ、朝日の当たる耕地よりも収穫が多いという。日当たりのよい平野での稲作と違い、山間部の稲作はわずかな日当たりが収穫に影響を及ぼしている。しかし、どんな劣悪な土地にもできるとされる雑穀でも、日当たりが必要なのは同じである。雑穀生産が中心の山間部の地域で、耕地の日当たりや土質などを農家の人たちがどのように認識していたか、記してみよう。

東京都檜原《ひのはら》村は平坦地が少なく、耕地も狭隘《きょうあい》である。当地における宇田牛五郎による『牛五郎日記』（明治十九年〈一八八六〉）の記録をもとに、伝承を交えながら雑穀生産の様相を探ってみよう。

明治時代の主穀は冬作の大麦と夏作の雑穀、とくに、粟と稗であった。黍《きび》やモロコシ・シコクビエ（チョウセンビエ・カマシと呼ばれた）は生産されていたが、量は少ない。むしろ、主穀についで多く生産されたのはサトイモと、当時山梨県の都留《つる》地方から伝来したのでツルイモといわれたジャガイモであった。この二つのイモ類は主食の一部であった。

檜原村は秋川渓谷《あきかわけいこく》に囲まれた山間地のため、全体に日当たりが悪い。谷に囲まれた集落では、朝日も九時、十時にならないと家々や耕地に日は当たらない。その上、午後二時前後には日は山の陰に入ってしまう。日照時間がたいへんに短いのである。集落も耕地も少しずつ山の斜面に登るごとに日当たりがよくなっていく。檜原村ではこの日当たりの加減で耕地を区別し、作物栽培の基本にしていた。南向きで、冬でも日当たりのよい耕地をナッチ（夏地）といい、北や東を向いている日陰がちの耕地をハルジ（春地）と呼ぶ。当然、山の上にある集落と耕地は夏地が多くなり、作物にも影響を与える。しかし、標高が高くなる分だけ、寒さも厳しくなる。耕地の土質は、粘土質と砂質が適度に混じりあった砂質壌土と、土が軽く、石が混じらないコッチ（小土）とに分かれる。砂質壌土は農業に適し、不作になることが少ない。小土は干害におかされやすいので、作物によってはよくできない。砂質壌土の耕地が夏地であればよい耕地であり、冬作の麦栽培にも適している。春地は麦類などの冬作物には適さない。しかし、こうした春地にも麦は作った。少しでも多くの穀類を作る必要があったからである。こうした春地の弱点を補うのが播種《はしゅ》期である。大麦の場合、春地には十月下旬に播《ま》き、夏地には少し遅い十一月上旬に播くことで、発育を補足したのである。

このことは『牛五郎《うしごろう》日記』を基にして耕地と作物栽培の分析によって明瞭である（増田

『粟と稗の食文化』三弥井書店、一九九〇年)。村人たちはこうした畑の自然状況を把握するには、雪の降った二、三日後に高みに立って畑を見ろ、といった。雪の残りぐあいによって日当たりの状況が一目瞭然にわかるのである。日当たりのよい夏地の雪が消えても、春地の雪は残っているからである。また、夏地でも少し北向きに傾斜している畑では、南側を下げぎみに畝を作ると、日向《ひむ》きがよくなる。このようなわずかな畝の作り方でも収穫に影響を及ぼすのだ、と農家の人は語り、「畝は地のなりに作ればよい」といい伝えている。

これらの耕地の使い方、土地の不利な点を播種期で補うなどは、村の人たちの日当たりや土質などの自然の運行や状況と作物栽培との関係をよく認識していたことを示したものといえよう。

平地の畑の日当たり

作物を作るのに日当たりのぐあいを重要視するのは山村ばかりではないのは当たり前である。日当たりは作物栽培の基本だからである。では、平地の畑作農業をする地域ではどのように意識されているだろうか。檜原村と同じ東京都の多摩地方に位置する羽村《はむら》市では、畑の畝《うね》は東西に作るのが原則である。檜原村のような傾斜畑の場合は、傾斜が東西南北のどの方向に向いていても、傾斜の向きなりに畝を作らざるを得ない。しかし、平地では東西南北のどのような向きに畝を作ってもいいのであるが、作物栽培の基本的なことから考えれば、より収穫量が多くなる日の向きを選ぶのである。羽村市の畑では東西に畝を作るのは、作物に南の日が多く当たるようにするためである。また、当地域では段丘の上の畑は日当たりもよく、風通しがよいので、麦をはじめ、作物栽培には絶好の耕地である。しかし、段丘の下にある屋敷畑は家屋が立ち並び、風通しが悪く、麦に油虫がつきやすくなる。このようにほんの少しの自然条件が作物の出来に影響を及ぼした。

麦類の栽培では生育過程で、麦踏み・追肥《ついひ》・土寄せ・土入れなどいくつかの手入れを行なう。そのうち、土寄せに注目してみよう。土寄せは作物が生育するにつれて背丈が伸び、風に吹かれて稈（茎）が倒れてしまうのをふせぐために、稈の根元に土を高く盛っていく作業である。三回ほど土寄せをするが、その作業の前に「日向廻し」という作業をした。一方麦の日陰になる方（東西の畝ならば北側）が高くなるように土寄せをするのである。一方向だけ土寄せをすると、反対の方向の南側に麦が向くようになり、日光の当たりがよくなるのである。この作業を「日向廻し」といった。「日向廻し」は最初の土寄せの前にするのがよいが、それができないときは、最初の土寄せをかねて行なった。農家の人たちの日当たりと作物の生育の認識は細かく、一つの作業が増えても高収穫が見込めるならば、そのことをいとわずに行なったのである。

播種期を上手に使う

先述した檜原村の『牛五郎日記』によれば、粟を畑に播く時期は一年に二度ある。春粟といわれた五月に播く粟と、秋粟といわれた七月に播く粟である。一年に二度の播き時期があるのは粟だけではなく、稗・蕎麦・ジャガイモも二度の播種期がある。具体的に見ていこう。

粟は、八十八夜（五月二日前後）に播いて、十月上旬に収穫するのが春粟である。それにたいして秋粟は七月初めの半夏生《はんげしょう》の後に播いて、十月下旬に収穫する。秋粟は春粟に比べて生育期間がきわめて短期間である。粒は大きくなるが、実は軽く、煮ても増えない。シュン作り（旬作り）ともいう。しかし、秋粟は冬作の麦類との二毛作《にもうさく》を行なうことができる。『牛五郎日記』では、日当たりのよい夏地にすべて秋粟を作り、後作《あとさく》に大麦を作っている。二毛作をすると、食料となる穀物の収量が増えるので、農業としては得策である。なお、二毛作とは、一年間に同一耕地で二種類の作物を栽培することをいう。二毛作の「毛」とは作物の種類を表している言葉である。先述の羽村市の農家では、二毛作を「二《ふた》っ毛《け》」といった。また、二期作といえば、一年間に同一耕地で同じ種類の作物を栽培することである。九州や四国地方などの暖かい地域では稲の二期作を行なっている。

蕎麦は、播いて七十五日すぎれば食べられるといわれるほど、短期間の生育で収穫できる作物である。そのため、二毛作がしやすい。五月初めに播いて七月中旬に収穫する春蕎麦、八月に播いて秋に収穫する秋蕎麦の二つの播種期がある。春蕎麦は七月に収穫して、その後に稗の苗を移植して、二毛作栽培をすることができる。

ジャガイモは種芋を三月に植え、七月にも植える。『牛五郎日記』では、春地に五月に植え、夏地に七月に植えている。古老によれば、ジャガイモを「三度芋《さんどいも》」と呼ぶのは一年間に三度植えて収穫ができるからだ、という。実際に三度作ったという例は聞いていない。

さて、年間に播種期間が二度ある作物のうち、稗はさまざまな栽培法のできる作物で、播種や移植などと組合わせて、実に多様な栽培技術を持っている。その点については後に詳述するとして、ここでは一年のうちに播種・移植のチャンスが二回あることを見ていこう。種子を播いてそのまま栽培する方法を播きつけといい、これは五月初めの八十八夜すぎに行なった。一方、種子を畑に播いて、苗が成長した段階で別の畑に植え替える方法が移植栽培である。種播きの時期は播きつけと同じに八十八夜すぎである。六月下旬に大麦が稔り、麦刈りが行なわれた畑に、生長した稗苗を植え付けた。播きつけで栽培した稗は、収穫期の十月中旬まで同じ畑で栽培し、移植栽培した稗は春に苗床に種を播き、大麦の後作である別の畑に植え替えるのである。ここでは畑の使い方が異なっているのである。以上のように、稗の移植栽培ができるので、短期間に生育した蕎麦のあとに稗の植付けが可能になり、麦の収穫した畑に稗の植付けが可能なのである。

一年に二回の播種期や移植法があるのは、粟・稗・蕎麦・ジャガイモであるが、サツマイモは稗と同様に苗を作り、移植栽培するので、畑の有効利用という点では稗の移植法と同じである。このように、播種と植付けをめぐる畑作技術は、実に多様である。農業をする人々の自然認識と技術が相互作用することでなりたっていることがよくわかる。

雑穀栽培の輪作体系

春蕎麦を七月に収穫して、そのあとに稗を移植して栽培するという畑の使い方は、同一の畑に時期をずらして二種類の作物を作るので、二毛作といわれている。春蕎麦・稗と作った後の畑に十月から十一月にかけて麦を播き、六月に収穫すれば三毛作である。三毛作の例はなかなかないが、檜原村ではどの畑でも二毛作を行なっていた。その組合わせは冬作の麦類と夏作物である。先述の『牛五郎日記』では、麦類と二毛作をしている作物は次のとおりである。

粟・稗・ジャガイモ・サトイモ・アクイイモ（具体的には不明）・大豆・小豆・大角豆・サツマイモ・ダイコン、その他には先述した蕎麦と稗の二毛作である。

麦類との二毛作は、粟・稗の雑穀類、イモ類、マメ類、根菜類などとなっており、主要な作物と行なっていることが理解できる。聞書きによれば、大正時代の主食は大麦や稗の穀類が中心であり、次いでサトイモ・ジャガイモが主食の一部を形成していた。粟は大正時代になると、栽培が少なくなり、ときどき食べる程度であった。

ある作物が生長している最中に、他の作物を種播きしたり、植付けしたりすることを間《かん》作《さく》という。檜原村ではサクイレ（作《さく》入《い》れ）という。たとえば、麦が生長してそろそろ穂が出そうな時期になると、麦株のそばに粟や稗・黍・陸稲・ゴボウの種子を播いたり、サトイモなどを植付けたりする。いずれも麦刈り後に生育し、秋に収穫する。

檜原村における主要な作物は時代によっても多少異なっているが、明治・大正時代の例では麦類と稗・サトイモが中心であった。この三つの作物は時期をずらして栽培されることが多く、何年間も同じようにして作付けされていた。このような作物の作り方を輪作という。稗は麦との組合わせで栽培するのが原則である。しかし、稗は肥やしをくい、畑がやせるので、「クナをくう」といって連作を嫌った。それで一年目の冬作に麦類を、夏作に稗を作り、二年目の冬作に麦類を、夏作にサトイモを作った。三年目にはまた麦類・稗を作るのである。つまり、二年三毛作である。この二年三毛作を畑を変えて作るのである。

夏作の稗・サトイモを組合わせたのは、サトイモ栽培には夏にイモシバ（イモ柴）といってサトイモの間に刈った青草を入れ、秋の収穫後に畑のなかにうないこんで、畑の地味を回復させるからである。そのおかげで、次の夏作である稗が畑をやせさせても栽培が可能になるというわけである。ここに輪作の効用が見られて、農家の人たちの深い知恵がうかがえる。

混作する農業

これまで述べてきた畑作の農耕技術には、二毛作や間作・移植法など多様な栽培方法があり、その組合わせが農家の人たちの腕のみせどころであるといえよう。これらは手間もかかる技術であり、いわば集約的農業といえるだろう。ところでこうした集約的農業とは異なった農業もある。混作する農業である。混作する農業とは、同じ畑や畝に複数の作物を栽培することである。これまで述べてきた農業は、同じ畑に栽培時期を夏作・冬作というふうにずらして栽培する二毛作、麦の生育している畝のそばに粟や稗・ジャガイモを栽培する間作などであった。そこには畝を中心にした整然とした作物の列があるのが当たり前である。日本の集約的農業の規範がそこにあると思うほどの整然とした畑であり、少しの乱れや曲がりのない畝の美しい畑こそが日本農業であるとだれもが思っているであろう。それが篤農家《とくのうか》といわれる根拠でもあり、農家の美徳と考えられている。私もそのように思っていたが、実は畝が織り成す美しい畑ばかりではなかった。日本にも面白い畑があるのである。これが混作する農業である。

混作に気付いたのは沖縄県の石垣島を中心として八重山地方の畑を見ていたときである。竹富《たけとみ》町黒島のある農家の屋敷畑にはホウレンソウ・ネギ・レタス・ニンジン・トウガラシ・ピーマンなどがところ狭しと植えられ、成長したものから取って食べる。この屋敷畑の一角にイモ（サツマイモ）が植えられ、覆い繁った葉のなかからスーと一本の茎が伸び、先端に花が咲いている。家の人に聞くと、これは在来種のダイコンだという。つまり、イモとダイコンの混作である。この屋敷畑の菜園は畝がなく、平らな畑を耡《うな》って野菜を植付けたものである。畝のないままの状態をヒラウネ（平畝）といい、伝統的な農法である。この島の他の家でも同じような畑を見ることができるし、道沿いの畑でも同じ光景に出会う。イモとダイコンの畑も畝がない。昭和初期ごろから畝を作り、栽培する方法が普及し、それをタカウネ（高畝）という。したがって、この島では平畝と高畝を併用して野菜の栽培をしているのである。

ところが、沖縄県の北部にある国頭《くにがみ》村安波《あは》で見た混作は、イモとダイコンであったが、ここでは高畝で混作していた。また、国頭村奥ではイモとカボチャを混作した畑があった。

図9　粟とウフムン（モロコシ）を混作した畑（沖縄県石垣市）

以上は根菜類と野菜の混作であるが、沖縄でも雑穀の混作が行なわれていた。そのよい例が、石垣市宮良《みやら》の小濱勝義さんの粟とウフムン（モロコシ）の混作である。沖縄県名護《なご》市で昭和十年ころにはイモとの混作がさかんに行なわれ、エンドウマメ・大豆・小豆・リョクトウ（緑豆）などのマメ類の他に、粟・黍・モロコシなど雑穀との混作も行なわれていた（比嘉武吉『甘藷の歴史』榕樹書林、一九九八年）。

近世の沖縄（琉球）で書かれた書にもこの混作について述べている。これによれば、畑の作付けには主体作物と従作物があり、前者には主食になるイモを作り、その株の間に従作物であるマメ類や木綿花、紅花《べにばな》などのような直立性の作物ならどんな作物でもいいから栽培すべきである、という。この書においては、地下で生育するイモと地上に生育する直立性の作物の組合わせによる混作の認識を持っていたことがわかる。

雑穀の混作の典型的な例は山梨県早川町奈良田《ならだ》の焼畑における粟と稗の混作である。奈良田の焼畑でも多くは粟の畑は粟だけを、稗は稗だけを、蕎麦は蕎麦だけを播いて栽培するが、ときには、粟と稗の種子を混ぜて播くことがあった。これは焼いた畑に害虫が発生し、粟を全滅させることがあるからで、その点、稗は害虫に強いので、同じ畑に播いても稗は収穫できるのである。一つの作物が収穫できなくとも、別の作物が収穫できれば、食料に事欠いて飢饉になるなどの最悪の事態にはならない。一つの作物に頼ると、その年の気候によっては稔らない作物もある。たとえば、粟や稗は「照り作」といわれ、「照りに餓死なし」といい伝えられてきた。しかし、冷害の年には、その年の食料に困り、翌年の収穫期まで食いつなぐことは難しい。第二次世界大戦前の日本ではそういうことが珍しくなく、農家では一つの作物に頼る危険性を常に避けて作物栽培を行なっていたのである。奈良田では粟と稗の混作の他に、粟と地菜《じな》であるヒダンナと呼ばれるカブをいっしょに播いたり、ゴマも播いたりした。

神奈川県相模原市でも混作をしていた。大麦や陸稲の種子といっしょにゴマ・ニンジンの種子を混ぜて播いた。この場合は次節で述べる播種肥《はしゅごえ》で播いたもので、種子を混ぜた肥やしを畝にぶつけるようにして播き、種子があちこちに拡がるようにした。そのため、かならずしも畝のある所に種子が播けるとは限らず、畝とは離れた場所に発芽し、生育していることもあった。

沖縄の近世における書で紹介したように、本来、混作する作物の組合わせは、地下に伸びて生育するダイコンやニンジン・イモ類などの根菜類と、地上で生育する粟や稗などの雑穀やマメ類などであった。これはあきらかに、地下に生育する作物と、地上に生育する作物の住み分けである。これまで季節による作物の住み分け、たとえば夏作・冬作に見られる二毛作、移植法や播種期が二度ある作物の栽培などは、季節という生育期の、いわば時間的住み分けを述べてきたが、混作は同一畑における地下と地上という空間的住み分けによる栽培方法である。

種子播きの民俗

播種肥

畑の肥料には堆肥《たいひ》、刈敷《かりしき》（緑肥）・下肥《しもごえ》・蚕糞《こくそ》・金肥《きんぴ》（購入肥料）などがあり、それをそれぞれの作物に応じて、播種《はしゅ》するときの元肥《もとごえ》にしたり、生育期間中の追肥《ついひ》にしたりする。元肥も追肥も畑の畝《うね》におくのを原則とするが、種子を播くときに、種子と肥料を混ぜ合わせた肥料を播種肥《はしゅごえ》といい、播く方法を混合播《こんごうは》という。混合播は山間地にある谷沿いの田んぼなどでも行なっていたが、畑作物ではよく行なわれていた肥料のやり方であった。

東京都檜原村《ひのはら》で稗《ひえ》を栽培するとき、畝に肥料をおき、そこに種子を播く方法でもするが、混合播で行なっていた。苗おろしといって、移植するための苗を苗床に作るのである。ドイと呼ぶ下肥を入れた肥桶に、大人の手で一つかみほどの稗を入れて小さなひしゃくでかき回し、よく混ぜた。これを苗床に播くには、ひしゃくで遠くまで手をのばし、手早くサーッと播いていくのがコツである。ソロソロと播くとドイが多く落ちて厚播きになってしまう。

この種子をドイと混ぜて播く方法の利点は、種子を薄く播けることにある。混合播でなく、直接畝に指で種子を播くと、稗のように小さな粒の種子は多く落ちてしまい、厚く播いてしまうのである。檜原村では種子を薄く播くのが最良で、「厚播き種子はおかゆを食う、薄播き種子は飯を食う」と戒めている。厚く種子を播けば、多く稔って、たくさんの収穫があると思ってしまうが、結果は逆で、薄く播いた方が多くの収穫がある。それで厚播き種子はおかゆを食べざるをえず、薄播き種子は飯を食うことができる、というわけである。薄播き種子の効用は稗だけでなく、粟や麦類も同じであった。

麦類の播種肥は、稗のそれと少し違う。この播種肥はツクテといわれる堆肥と下肥が中心である。まず、堆肥と下肥をネリオケ（練桶）に入れ、よくほぐして練る。練桶は方形や大きなタライ状のものなどがあるが、方形の場合は五尺四方に深さ八寸ほどあるもので、桶とはいうものの箱状の器である。当地域は昭和三十年代ころまで大麦を多く入れた麦飯を主食としていたので、大麦を大量に栽培していたこともあり、練桶もかなり大きい。練《ねり》肥《ごえ》ができたところで、これに麦の種子を混ぜる。当然、畑の広さに応じて計算して練肥を作った。一畝《せ》当り八合から一升の心づもりで種子を入れた。練肥を畑の畝に播くにもコツがあった。畝に力いっぱいぶつけるようにすると、種子を混ぜた練肥が飛び、一ヵ所にかたまらず、あちこちに広がって、薄く播くことができた。

こうした混合播は檜原村だけでなく、全国各地で行なわれていた。岩手県の稗播きも混合播で行なわれ、ボッタマキとして有名であった。山梨県富士吉田市の粟や稗播きもこの技術であった。

この混合播は、麦類・粟・稗・黍《きび》・蕎麦・陸稲《りくとう》・大豆などを播くときに行なわれたことが知られている。水稲栽培でも直播きをする摘田《つみだ》でも行なわれていた伝統的な技術であるといわれている。北上山地・関東地方・九州地方に顕著に見られ、焼畑でも用いられたが、常畑を中心に発達した雑穀栽培の農耕技術であるといわれている（小川直之『摘田稲作の民俗学研究』岩田書院、一九九五年）。

畑に種子を播くにしても、少しでも多く作物が収穫できるようにと、農家の人たちのさまざまな工夫が伝わってくる。播種肥で麦作りをしていたのは第二次世界大戦前までのことだった。播種肥だけでなく、堆肥を中心にした肥料の使い方も昭和三十年代以降の高度成長期以後はなくなり、収穫がより多く、手間のかからない化学肥料を使う農業が中心になってしまった。

北上山地の稗のボッタマキ

混合播の典型的な例は岩手県の北上山地で行なわれた稗のボッタマキである。

早池峰《はやちね》山の北麓に位置する川井村のヒエマキ（稗の播種）は「ヒエマキボタン」と呼ばれ、ぼたんの花の咲くころに行なわれた。耕した畑に浅い穴を掘り、ここに人糞を運んで入れておく。この穴をズキツボといった。そのときに人糞に混じった紙やごみのようなものは全部取り除いた。川井村あたりでは、便所で大便をした後で尻をきれいにするのは、紙でなく、カキンコといわれた檜の木を薄く割ったものであった。使用済みのカキンコは便壺に捨てるのではなく、まとめておいて捨てたり、燃やしたりして始末をした。したがって、人糞自体に他のものが混じっていたわけではない。人糞が濃いようだと、水を入れて薄めておいた。実際に畑に播くとき、この畑には何升の稗の種子を播けばいいとわかっているので、その量の種子を人糞のなかに入れて混ぜた。これを桶のような専用の容器に入れ、小脇にかかえて、後ずさりをしながら、種子を混ぜた人糞を手でサーッと播いていった。下手な人が播くと、畝でなく、他のところに種子がいってしまい、苗がとんでもないところから生えてくることもある。その後、足で土をかけていく。この作業は隣近所と手伝い合いながら行なった。

このような播種肥で播く方法を川井村ではヒエマキといい、久慈《くじ》市の山根《やまね》六郷《ろくごう》地域ではボッタマキといい、種子が厚播きにならないための播き方であった。

種子と堆肥を混ぜるのではなく、種子に砂を混ぜて播いた地域もある。

石垣島の粟播き

これを混合播といっていいかどうか迷うところであるが、堆肥のかわりに砂を種子と混ぜて薄く播くことを目的にしている点では、混合播に類似する技術である。沖縄県の石垣島を中心にした八重山の島々の播き方がそれである。この播き方をするのは、粒が小さい粟や黍で、粒の大きな麦類やモロコシは砂を混ぜないで播いた。しかし、上手な人は砂を混ぜないで、粟だけで播いた。粟を播くには左手に種子を入れたカゴを持ち、粟の種をつかんだ右手を肩まで振り上げるようにして播いたという。

ここでは石垣市宮良《みやら》に住む小濱勝義さんの粟の播種を紹介しよう。播種したのは平成十八年（二〇〇六）一月二十五日である。この地域の粟播きの時期は一月いっぱいまでに播くのがよいとされ、竹富《たけとみ》島では前年の十二月に播き終えて、二月下旬には苗が一〇㌢ほどに生長している。小濱さんの話では、今年（平成十八年）は雨が降る日が多く、畑の整地ができずにいて播き時が遅れたという。このときの粟播きも、二月十八日の予定であった。しかし、前日も雨が降り、当日も雨が降り、播種を中止した。次の予定を二十一日に延ばしたが、また、雨で中止した。二十五日の午後にようやく粟播きを行なうことができた。これほどまでに雨降りにこだわるのは八重山の畑作農業の特徴であろう。雨降りの後は、粟播きばかりではなく、収穫の適期であるイモも掘ることを嫌うのである。なぜかといえば、雨の後の畑に入ると、畑の土をこねるような状態になり、整地した畑は人の足跡でデコボコの穴だらけになるのである。これではどの作物であろうとも播種はできないし、成長したイモもいたんでしまう。石垣市宮良だけではなく、黒島でも同じように雨降りのときには畑に入るのを嫌っていた。粘土質の土質によるのであろう。そういうわけで、小濱さんによれば、本来なら収穫期は六月であるが、遅い播種なので、七月になって収穫するつもりだという。

小濱さんが今回畑に播いたのは、糯種の粟とウフムン（モロコシ）である。畑の広さは二、三畝である。整地された畑のあちこちにススキがさしてある。これは、種子を播くときの目印である。どれだけの間隔で播いたか、また、播き終わったあとの覆土《ふくど》のときにも目安になる。粟とモロコシは、同じ畑に畝を作らずに播いた。耕した畑に畝を作らずに、作物の種子を播くことをバラマキという。小濱さんは全部バラマキで栽培している。また、粟とモロコシの二種類の作物を同じ畑に播いたが、これは昔からやっていたことで、とくに、そのことにたいする名称はない。混作の一種である。

最初に粟を播いたが、播く直前に東に向かって唱えごとをした。聞くところによると「今日の日に、よい日に粟の種子を播くから、りっぱに成長させて、収穫させてください」と祈ったのだという。小濱家の代々の当主が太陽の上がる東北、または東を向いて「作物を見守ってください」という意味を唱えるのが慣例になっているのである。また、作物がよくできるように「雨を降らせてください」等々と祈るときは、石垣島にある八重山でもっとも高い山である於茂登岳《おもとだけ》のある北、または北西に向かって唱えるという。これは宮良からの方向であるが、他の集落でも於茂登岳に向かって唱えるものであるという。

粟を播くことをアーダニマク（粟種子を播く）といい、黍ならばキィンダニマク（黍はキィン、またはスン）という。米はマイといい、マイダニマクという。小濱さんは砂を混ぜないで粟の種子だけで播いた。左手に種子を入れた容器を持ち、種子をつかんだ右手を肩くらいまで挙げて、手首のスナップを利かせて種子を播いた。遠くに播くようにすると、

図10　立ったままの姿勢で種子を播く（沖縄県石垣市）

薄く播けて、砂を混ぜないですむ、という。

立ち姿で種子を播く

ところで、播くときの姿勢に注目してみよう。一般に、播種肥を使わずに播く種播きは、腰が畑に平行になるほど腰をかがめる姿勢を思い出すのであるが、小濱さんの播き方は立ったままの姿勢であるから、腰に負担がかからない。播種肥を使った岩手県のボッタマキもかがむことなく、種子播きをしている。このように作業の姿勢にも注意をはらってみると、昔は、八重山では畑を耕すにはしゃがんで行なっていた。道具はピラと呼ばれた小さなヘラ状のもので、耕した土を前に起こし、後ずさりしながら耕すのである。本土の、腰をかがめて鍬《くわ》を使って、起こした土を自分の足元後方にやり、前方に進みながら作業をするのとは逆である。現代では広い畑は耕運機を使って耕すが、屋敷畑のような狭い畑を耕すとき、高齢者たちはピラを使って、しゃがみこんで耕している。ピラは地域によってはヘラともいう。畑の耕作の用具と耕作するときの姿勢は、浅耕と深耕によっても違うし、農業の進展にしたがっても違いがあるので、一様にいえないが、ここではピラを使うときの姿勢に注目した。

種子を播いて、土をかけることをアース（合わすという意味である）といい、小濱さんは馬に馬鍬《まぐわ》を付けて曳《ひ》き、覆土している。馬は八重山地方の在来の八重山馬である。この馬は小型で、穏やかな性格をしており、農耕に使うのに適している。馬鍬をハラブといい、鉄製の四角のもので、ツメが短い。種子を播いた畑を馬に曳かせたハラブで土をかけていくので、この作業をハラブガケともいった。ヒーセヒともいった。その後の作業はフチャトル（草取る）といって除草をする。本来は収穫までに三回の除草をするが、近年では一回しか行なわない。また、肥料はやらないで栽培する。粟に合う肥料がないこともあるが、肥料をやると、成長しすぎてしまうからである。馬の堆肥があっても使っていない。

粟の収穫をアーカル（粟刈る）という。黍はキィンカル、モロコシはウフムンカルとい

図11　腰を屈めた姿勢で種子を播く（東京都檜原村）

図12　斜面の畑を下り向きに耕い、下の畝から上の畝に土を上げる（同）

う。収穫の時期は先述したように六月である。

山間地では平坦な畑は少なく、傾斜している畑のほうが多い。東京都檜原村は、傾斜が二〇度くらいの畑はざらにある。二〇度もある傾斜畑に素人は立っているのが困難で、足を踏み外して土を落とすことになる。農家の人は地下足袋《じかたび》をはく以前は、アシナカやゾウリで畑まで行き、畑で仕事をするときは素足になった。ある老人は「足の指を土に突っ通すようにして歩くのだ」といった。畑の畝から足を踏み外さず、土を落とさないための方策であった。

下り向きに耡う

斜面の畑においてもっとも大切なことは土を落とさないことにある。畑を耕すだけでも土は下に落ちるのである。毎年、畑を耕し、畝を作り、そこに種子を播くのであるが、この基本的な作業は畑の上部を向いて行なう。この作業を上《のぼ》り向《む》きといい、一畝分の土が下に下がる。毎年、一畝分ずつの土が落ちれば、畑の上部の土は薄くなり、作物を作るのに支障をきたすので、土を上部に引き上げる作業をしなければならない。下方を向いて土を上げながら耕し、畝を作っていけば、一畝分の土が上に上がる。この作業を下《くだ》り向《む》きという（前ページ図12）。下り向きの姿勢は、体を下向きの状態で行なうので、たいへん体に負担がかかる。そこで、二年ほど上り向きに耡《うな》ったら、三年目は下り向きに耡うのが篤農家

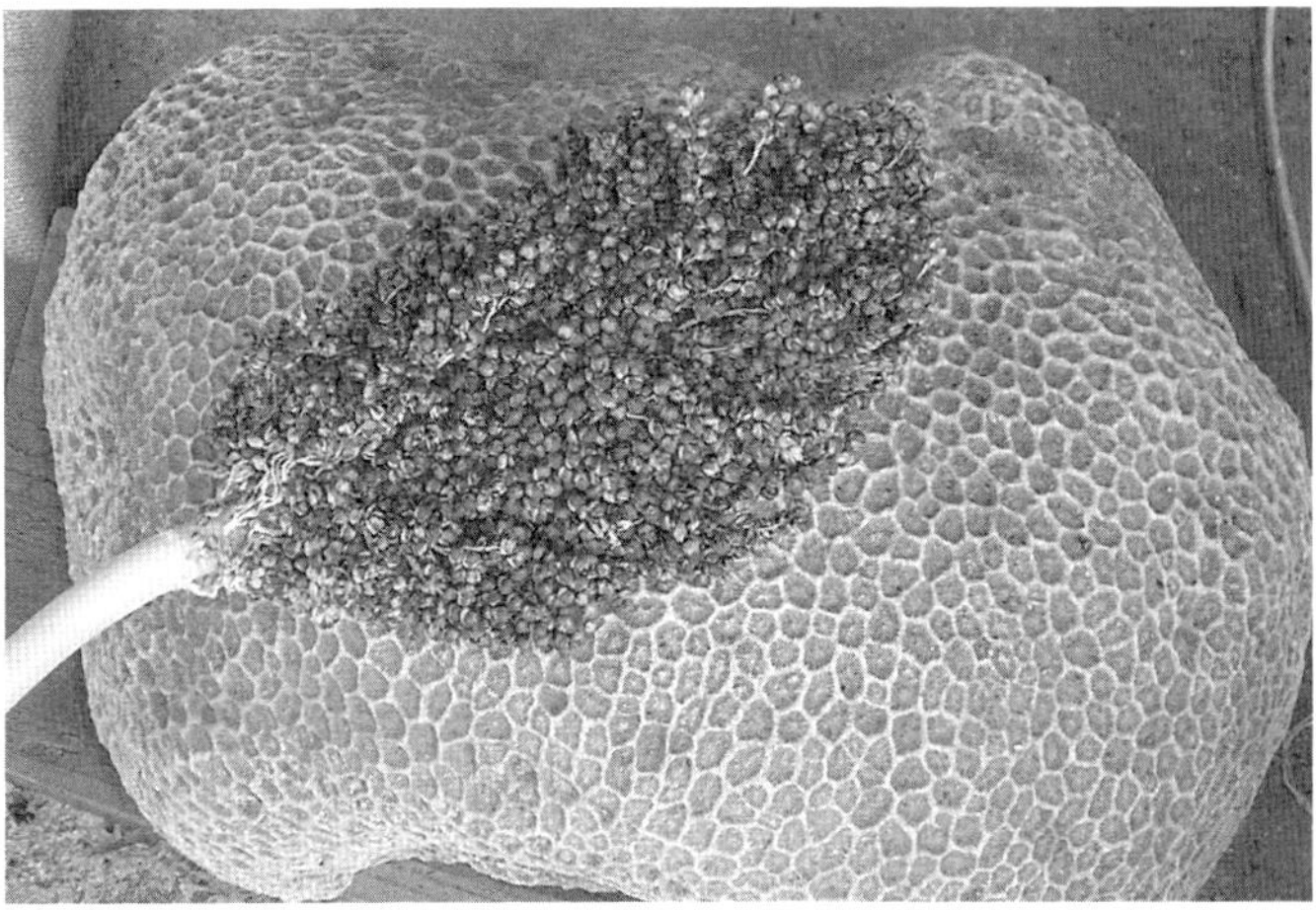

図13　菊目石を使ってのウフムン（モロコシ）の脱穀（沖縄県石垣市）

図14　千歯扱きを使ってのホモロコシ（モロコシ）
の脱穀（山梨県上野原市）

のやり方であった。斜面畑の耕起は苦労の多い作業であった。

穀物は収穫した後、いくつかの作業をしなければ調理できない。穀物の穂から粒にする作業を脱穀という。粒になった穀物の一つ一つは硬い皮で包まれているので、この荒皮を取る作業が脱稃《だっぷ》、さらに穀粒の表面の糠《ぬか》をとるのが精白の作業である。精白をしなくとも食べられる穀物もあるが、脱穀と脱稃の作業を経ないと食べることができない。

珊瑚の石で脱穀

ここでは石垣市宮良で行なっていた粟とウフムン（モロコシ）の脱穀の写真を紹介しよう。（前ページ図13）。粟もウフムンも、小さな菊の花のような形をした珊瑚の菊目石のゴツゴツした表面を使って脱穀する。実際に菊目石の上で粟やウフムンの穂を掌でもんでいくと、かんたんに穂から粒が落ちていく。この脱穀は簡便で、粒も痛まず、器械を使うよりもよい。現在、雑穀の脱穀用の機械化も進んでいるが、本土では自家消費用の穀物や種子にする穀物の脱穀も千歯扱きを使うことが多い（同図14）。

なぜ稗を栽培するのか

移植栽培法

稗《ひえ》の移植は、稲の田植えと同じで、種を播いて苗を育て、別の場所に植え替えるのである。ただ、稲は水田に移植するが、稗は水田や畑に移植するのである。ここでは畑に移植する東京都檜原《ひのはら》村の例を紹介しよう。

稗の種播きは八十八夜（五月二日前後）に苗床の畑に行なう。これはできるだけ、家に近い畑をあてた。下肥《しもごえ》を運ぶのに便利なためである。播種《はしゅ》後十日ほどで発芽する。雑草が生えれば、草取りをする。植え替えるのは大麦の収穫後の畑なので、六月下旬以降の麦刈りの後になる。苗床から稗苗を抜き、川で根をよく洗い、土を落とした。こうすると一本一本の苗が離れて根が分かれ、植付けた後の根付きがよい。また、根が立つのも早く（分ケツ茎の枝分かれ）も早いので、多収穫が期待できる。植える前に、稗苗の葉の先端部分を切り落とした。葉が大きすぎると、根付きが悪く、葉が枯れてしまうことがあるので、切り落としてから植えた。一株に三、四本の苗を植えるのであるが、畝に斜めに寝かせて置いて、そこに土をかぶせた。四、五日すぎると苗は真っすぐに立ち、成長する。後の管理は畝に土を寄せたり、雑草を取ったりする。十月中旬ごろに収穫をした。包丁や草刈鎌で、稗の穂だけを刈るか、穂の下二〇㌢前後の所を切り、束にして軒下などに下げて乾燥させた。

稗の移植栽培は苗を育て、別の畑に植え替える以外は、常畑に播きつけで栽培するのと同じである。

稗栽培は水陸両用

稗の栽培は焼畑で行なうことが一般に知られているが、畑でも、水田でも栽培できる。その意味ではたいへん有用な作物ということができる。しかし、単に水陸両方に栽培が可能であった、というだけではなく、稲を助ける働きを持っていた。稗が持つ栽培上の最大の利点は寒さに強いことであろう。そのことを生かした水田の稗栽培ということができる。いくつかの例を挙げてみよう。

山梨県富士吉田市は先述したように標高が六五〇㍍以上の地にあり、寒冷地ながら稲作も行なわれていた。稲の穂が出始める出穂期である八月中旬に「地《じ》ぶり北風《きたかぜ》」と呼ばれた北からの濃霧を伴った風が吹き、気温が下がり、稲は実らず、屑米《くずごめ》ばかりできる。しかし、「地ぶり北風」が吹かない平年でも、米作りは寒さとの闘いであった。その一つが水田の畔の内側に幅一<ruby>ほどの溝を水田の三方に作り、ここに稗を植える工夫であった。水《み》口《くち》から入った冷たい水がこの溝を流れるうちに水温が上がり、稲の植えてある場所には暖められた水が流れ込んでくる、という仕組みである。

福島県の山間地である南会津《あいづ》町（旧、南郷村）では、水口の一坪くらいには稗苗か糯米《もちごめ》の苗を植えた。稗と同じように糯米も冷水に強い性質を持っていた。冷水のかかる水口に稗や糯米を植え、温《ぬる》んだ水の所に稲を植えるのは、宮城県・山形県・岐阜県などでも行なわれていた。

水口からくる冷たい水に稲は耐えられないが、寒さに強い稗は冷水のなかでも生育することを知っていた農家の人たちの農業技術であった。このように稗は水田で栽培されたことは珍しいことではなかった。次に見るように、寒さに弱い稲をかばうのではなく、水田そのものに広範囲に稗を植えていたのは東北地方である。

田稗の歴史的役割

田んぼに稗を栽培するのは、やはり冷涼な気候と冷水のために稲作が敬遠されている地域であった。石川県や岐阜県でも水田に稲を植えると同時に稗も栽培していた。ここで述べるのは、先の稲に冷水をかけないために水口に稗を植えることとは違い、稗専用の水田での栽培を意味している。一般に水田で栽培する稗を田稗という。なお、水田の稲の栽培中に稗が生えている場合があるが、これは雑草である。

古くから田稗を栽培している地域は多かったが、現在、水田稲作の転作を余儀なくさせられているので、転作のための水田に田稗を栽培しているのは岩手県である。稲の水田のなかにモザイク状に生育している稲の緑よりも深い緑の作物こそが田稗である。雑穀ブームの世情を受けて稗栽培は畑のみならず、水田にまで及んでいるのである。このこと自体は喜ぶべきことであるが、東北地方における田稗栽培の積重ねには、地域の人々の食料を確保し、餓死に陥らないための施策をも兼ねていた重い歴史的事実があった。

一般に日本では、水田稲作ができるところはできるだけ稲作をし、米の生産量を確保したいと願うのが農民であった。農民だけではなく、支配者も同様であった。このことは近世においても近・現代においても同じである。これは米が年貢、あるいは商品の第一であったからである。近代の農村部では水田で取れた米を売り、自家用の食料は三等米・四等米であり、陸稲や外米といわれたアジアからの輸入米、雑穀、イモ類であった。農産物でもっとも高価に販売できる物が米であったのである。そのためには水田を少しでも多く所有することが必要であった。「畑田成《はたたなり》」については先に説明したが、再度試みれば、畑を水田に造成することである。それには灌漑の設備と水平な土地にする必要があった。膨大な費用がかかるのは当然であったが、近世以降、「畑田成」の水田は多くあった。

ところで、稲の生育にはある程度の温度と日照が要求されるのである。そのため、寒冷地には稲は不向きであり、寒さや冷水を稗が補っていたことは先に見てきたとおりである。そのことからいえば、現在の米どころといわれている東北地方は稲作の適地とはいえず、近世や近代における品種改良や土地改良の努力の成果として考えるべきである。

たとえば、青森県の下北半島の田稗栽培は明治時代にも支配的であったのは、厳しい気候条件が稲作の進展を妨げていたからであった。明治四十四年（一九一一）の統計によると、ここでは水田の六〇％が田稗で、稲は四〇％であった。稲の水田は大正時代に六〇％になり、すべてが稲作化したのは昭和初期である。それまでは冷害の惨状が繰り返されていた。そうしたときの地域の食料を支えたのは田稗であった。そのため、このような地域ではかんたんに田稗を作っていた水田を稲作に切り替えるわけにはいかなかった。しかし、稲作に切り替えたからといって冷害がなくなるわけではなく、食料となる田稗がない分、地域の食料不足はますます深刻になっていった。

凶作の水稲の下支えをする田稗

次に、近世の東北地方で、田稗が果たした役割を紹介しよう。

東北地方では冷害で凶作になった翌年は、天候のよしあしにかかわらず、食料不足に見舞われた。それは疫病の発生や餓死者などが多く出て、労働不足になり、農作業が進まず、田畑の荒廃が著しくなったからである。天明四年（一七八四）の弘前《ひろさき》藩では荒廃した水田が五割に及んだ記録がある。このような労働力の問題の他に、凶作の年には、翌年の種籾《たねもみ》まで食料にしてしまい、水田に仕付けるべき種籾が大量に不足し、稲の苗を確保できないということがあった。そのために、稲の苗の代わりに稗の苗を植付けた記録が岩手県・宮城県などにある。秋田県の農書には、長年の凶作とその対策に苦慮した結果であろうか、「水田用の稗苗を育てておくべし」と記されている。これは、いつくるかわからない天災に備えて、稲がだめなら、稗苗を稲の田に植えて、食料を確保すべきである、という食料対策であり、それを藩までが奨励したのであった。ここにいたって、いかに寒冷地にあっては、稗が重要な役割を負っていたかを知るのである。このことを近世の史料から分析した菊池勇夫氏は、「稗にケカチなし」といわれるように、「たびたび凶作に襲われた北奥羽の水田農業を下支えしていたことを忘れてはならない」という（「赤米と田稗――近世北奥羽の水田事情」『宮城学院女子大学研究論文集』七七号、一九九三年）。ケカチとは飢饉を意味する言葉である。

雑穀栽培中心の畑作

台地上にある灌漑施設を持たない地域は、畑作中心の農業を営んできた。時代によって違いもあるが、第二次世界大戦前までは、こうした地域の主要作物は換金作物と自家消費の穀物と野菜である。換金作物は商品になる作物で、地域によって違いがあるのは当然で、東京近郊であれば、米・麦類・蔬菜《そさい》が上げられ、第二次世界大戦後しばらくまでは養蚕が盛んで、繭の出荷が行なわれていた。蔬菜類の第一はダイコンやサツマイモ、葉物が大きな比重を占めており、東京の市場に出荷された。一方、これまで見てきたように、自家消費の穀物は麦類と雑穀、およびイモ類と野菜類である。ここでは換金作物である商品になる作物と自家消費用の作物は重なっている。

ところが、現在の岩手県久慈市の山根六郷《やまねろくごう》や山形村、東京都檜原村のように都市部から離れた地域では、商品になる作物と自家消費用の作物は別である。これらの村の場合は、林業と炭焼と養蚕が現金収入となり、畑の作物は自家消費用であった。食料が不足すれば、近隣の商店から購入することになるが、できるだけ自家栽培する農業をしていたのが明治時代後半から大正時代を経て、昭和三、四十年代までの姿であった。この姿こそがこの章全体のなかで詳述してきた事柄である。したがって、作物の第一は主食となる穀物、岩手県の二地区にしても檜原村にしても麦類と雑穀がそれである。檜原村の場合には、これにイモ類が主食のセットとして栽培されていた。これに日々の季節である多種類の蔬菜類の栽培が加わるのが基本的な畑作農業である。

なぜ、畑作は面白いのか

古い時代から日本全体が狭隘な農地であり、できるだけ水田化したため、畑作地はどうしても不足しがちである。そのため、平地に恵まれた地域だけではなく、山間地にも谷沿いにも畑を切り開いてきた。地形のさまざまな畑の存在がある。その地に暮らす農家の人々は多様な畑を土質や日当たり、日向き等々を、それぞれの畑の特質として認識し、それに合う農業を展開してきたといえるだろう。

灌漑《かんがい》する麦栽培、稗栽培もあり、一つ一つの栽培の営みは、その地域の歴史と耕地の事情によるものであった。灌漑する麦と稗栽培は、単独の農業事情によるものではなく、水稲栽培との兼ね合いの歴史をもっていたことを忘れてはならないだろう。

畑作技術の点からいえば、播種期が異なったり、移植栽培ができたりする作物が多数あることで、その組合わせの技術は農家の人たちの工夫の成果であった。それにともなって、二毛作とともに、その地域に特有な輪作《りんさく》体系ができ上がり、効率的な栽培が可能になった。肥料の多様さは時代を追うごとに激しくなり、また細分化もされた。しかし、伝統的な肥料である下肥と堆肥を混ぜたなかに種子を混ぜ込み、播種していく技術は麦類や雑穀栽培にはなくてはならない方法であった。

混作する農業は現在ではあまり見かけなくなったが、実は家庭菜園としての混作は楽しい技術である。この農法は効率と見栄えのよい作物栽培にはあわない。つまり、商品として作物を栽培するには粗放すぎるのである。たぶんに、近代的な換金作物栽培には向かない農法である。沖縄の八重山で見た、必要に応じて作る家庭菜園、気候的なリスクをさけるために作物同士が相互に補完しあいながら生育する焼畑の状況、地下と地上を住み分けする作物栽培の有効性など、さまざまな可能性を有した混作農業は、農家の自発的・自主的な農業の営みの証《あか》しであろう。しかし、アジアの各地には、たくさんの混作する農業が存在するのである。農業が近代的な集約性、あるいは効率性のみを追求したものではなかったことを知る手がかりになる技術として捉えていきたい。

日本の農業は水田重視の考えが古代からあり、日本人の思考を形づくってきた。もちろん、水田稲作も重要であるが、それと同じ比重で畑作も大切なものである。私たちが暮らしのなかで食を考えるとき、決して稲・米ばかりではなく、麦類も雑穀、イモ類、蔬菜類も毎日目にし、食べるものである。食卓に並ぶ豊富な食材はこれまで述べてきたような畑作の農業技術を何千年にもわたって積重ね、改良を重ねてきた成果である。営々とした農の賜物といっても過言ではない。それを可能にした畑作物の多様な栽培の仕方も人の叡知《えいち》の成果であり、広大な畑も、狭隘《きょうあい》な畑も、わずかな屋敷畑も目に映ずる証しそのものである。

雑穀の種子を守る

「私が種子を継ぐ」

種籾の保存

雑穀栽培の中心地区である岩手県軽米《かるまい》町に住む波柴スヱさんは、岩手県で栽培する雑穀の種子を栽培し、それを販売している。波柴家における現在の雑穀の栽培面積は一反《たん》七畝《せ》ほどである。そのうち種子用に、糯粟《もちあわ》が二畝、黍《きび》が二畝、稗《ひえ》が一畝、アマランサス一畝ほどが栽培されている。残りの畑には種子用ではなく、雑穀を自家用と販売用（黍）に栽培している。種子用の雑穀を栽培しはじめたのは、八、九年前に県の農業研究センターから勧められたのがきっかけである。販売は農協が行なっている。アマランサスは昨今に海外から移入されてきた作物であるが、粟・黍・稗は昔栽培していた在来の種子を播いている。

波柴家では米も栽培しており、平成五年（一九九三）の大冷害のときには、米の種子も取れないほどの凶作であった。知り合いの家では農協に種子を注文して種播きをしたが、発芽しなかったという。波柴家の場合は毎年種籾《たねもみ》を多く保存しておき、残りはネズミにやられないように翌年の春まで確保しておく習慣なので、平成六年には二年前の種子を播いた。二年前の種子でも古い種子なので、発芽するかどうかを家の中で温度調節して播種した。試しにやってみて、発芽したら、実際に水田に播種するのである。雑穀も同じように種子を多めに保存し、どのような年でも春には種播きができるようにしておいた。販売用の雑穀も二五㌔とか三〇㌔とか、荒皮付きのまま保存してあるので、種子用としても使うことができた。近年も、四月になってからも雑穀の種子がありませんか、と注文がくるので、ほとんどがなくなってしまう。

「自殺する種子」

現在、種子用に野菜、たとえばトウモロコシの種子を農協から買い、今年播種して、その残りを次の年に播いても発芽しないのが現状である。これは、他の野菜も同様で、種子が交配しており、播いても発芽しない。「一年しか発芽しない。種子屋さんが儲かりますよね」と波柴さんはいっている。このような状態は次の事情によるもので、日本に限ったことではなく、種子製造会社が仕組んだ「自殺する種子」なのである。「自殺する種子」という言葉はアメリカの週刊誌『タイム』が名付けたもので、かんたんにいえば、農業関係の多国籍超大企業モンサント社が開発した種子で、購入した年だけ発芽する作物の種子をいう。つまり、生産者にとって「よい作物ができたから、来年は自分の家で取った種子を播いて栽培しよう」と思っても、来年には発芽能力を失ってしまっている種子なのである。これはモンサント社がバイオテクノロジーの最先端技術を駆使して、ＤＮＡを組み替え、二年目の発芽能力を種子から奪ってしまったものである。もちろん、モンサント社の目的は、生産者に自社の種子を毎年買わせ、購買力を高めるところにある（河野和男『〝自殺する種子〟』新思索社、二〇〇一年）。

波柴さんによれば、トウモロコシの他にシソやネギの種子がそうであるという。シソなどは在来の品種の種子を播いておけば、秋まで二、三本残しておくと、実がついてそれを刈り取ってパラパラと播いておけば、春になると芽が出てきて、梅干を漬けるころには葉がいっぱいできた。しかし、買った種子では秋に遅くまで残しておいても実がならず、種子を取ることはできないのだという。波柴さんは在来の品種である雑穀の種子を近隣の農家に販売し、その後に種子が発芽しているかどうか、あちこちの家の畑を見て歩く。ほとんどの畑で芽を出しており、スズメなどが集まっている光景に出会うのだといっている。

波柴さんのいう購入した一年限りの野菜の種子は、モンサント社が開発した「自殺する種子」の日本版であろう。だからこそ波柴さんは、在来の品種の種子を手放せないでいるのである。

「私が種子を継ぐ」

米の栽培ばかりが注目される世の中になっている現在、雑穀の種子を絶やすことなく継承していくことは実はなかなか難しい。米もそうであるが、雑穀の栽培も手間がかかり、これまで栽培していた人たちが高齢化していくと、栽培ができる人がいなくなってしまう。そのことは各地で実際問題として起こっており、神祀《まつ》りのための雑穀栽培、といっても世代交代が行なわれていくときがもっとも難しく、若い人たちが栽培を引き継いでくれるかどうかにかかっている。

これまでは「昔も栽培していたから」とかんたんに栽培していた人が高齢化して中止してしまうと、そこで種子の継承は途絶えてしまう。第二次世界大戦後はこのようにして雑穀栽培が途絶えたのである。しかし、実際に村々を歩いてみると、まだ雑穀は栽培されているところに出会う。そして村の古老に話を聞いてみると、「種子継ぎのために作っている」という答えが返ってくる。東京都奥多摩町などでは、わずかな面積に小麦を作っている例も見られる。この程度の栽培量では脱穀や脱稃《だつぷ》・調整作業に時間がかかり、食べるまでは幾重にも手間をかけねばならないことを想像すると、種子の継承もかんたんではない。

「私が種継ぎしないと、ここからなくなってしまう」といいながら奈良県五條市の福井なつえさんは、粟が二種類と稗・黍・シコクビエの五種を栽培し、粟や稗にはいくつかの品種があり、地域名もしっかりと伝承されていたことを阪本寧男《さだお》氏は著書『雑穀博士ユーラシアを行く』に書いている。福井さんの心持ちは、神祀りのために欠かせない作物だから、自分の世代までは栽培するのだ、という人たちの心情と同じであると思う。手間のかかる時間や面倒な作業に左右されて栽培をやめてしまうのではなく、人の暮らしの基本にある本意の表れなのであろう。第二次世界大戦後、すっかり栽培が減少し、一時は雑穀の種子も途絶えてしまったかと思われる時代もあったが、種子は幸いにも生き残り、継承されてきた。それは上記のような人々が全国に存在しており、在来の品種の種子を頑固に守ってきたおかげである。

神祀りのために種子を継ぐ

現代でも神様にお供えするために雑穀を作るのだという人は各地にいる。東京都日の出町萱窪《かやくぼ》の小作晴勇さんは、毎年粟を作り、秋に収穫して、氏神様である白山神社の秋祭に供える。供えなければならないという決まりがあるわけではないが、昔の人たちが供えていたから、自分も供えるのだという。昔からやっていたことを自分の代でやめてしまうことはできないから、秋祭のために毎年粟を少しでも作っている。

隣町の奥多摩町の奥平家でも、正月に歳神様などに供えるお供えのために黍を栽培していた。以上は個人の家で、その作り手の心持ちが雑穀栽培を継続していた例で、当然在来

図15　特殊神饌の粟オコワをいただく氏子（静岡県森町・日月神社）

の品種の種子の継承をしていた。

次は村単位で神祀《まつ》りのために雑穀の種子を継承していた例である。静岡県森町鍛冶島の日月《じつげつ》神社の特殊神饌《しんせん》は粟のオコワ（強飯）である。オコワの材料となる粟（糯種）の栽培は、その年の頭屋《とうや》（その年の当番になった神主）の家で栽培した。したがって、毎年ちがう家で栽培し、収穫した粟の穂を次年度の頭屋に引き継ぎ、種子にした。かならず種子を受け継ぎ、栽培して収穫し、オコワにして神様に特殊神饌として供え、氏子にも食べてもらうものであった。この村では毎年神様にあげる粟オコワのために、粟の種子を村の代表である頭屋に渡し、栽培させ、種子の継承を確実にしていたのである。神祀りは中世から続いているとされており、きわめて長い間継続している種子であるということができる。

同じ静岡県磐田《いわた》市にある府八幡宮と矢奈比売《やなひめ》神社も、秋祭には粟の穂を特殊神饌としている。その粟の穂は府八幡宮の禰宜《ねぎ》が中心になって栽培し、種子を継続していた。

沖縄県の宮古《みやこ》島のそばにある伊良部《いらぶ》島で、粟の収穫祭が行なわれることは第二章「雑穀を発酵食品にする」で記したが、そのときに供えるのは粟の神酒《みき》（ドブロク系の酒）である。その日には神様に捧げる神酒だけでなく、各家庭でも同じく粟の酒を造って飲む。その酒は親戚や知人に上げて飲んでもらう。神様に上げる神酒もそれぞれの家庭で栽培した粟を奉納して神役の女性たちが造るものであるし、家庭で飲む酒のためにも毎年粟を栽培している。沖縄県石垣市白保《しらほ》や竹富《たけとみ》町竹富でも神祀りのために粟を栽培している。

このように見てくると、神祀りのために栽培する雑穀は全国各地にあり、だれかがそれを作っているからこそ、雑穀の種子の継承が可能だったのである。以上に挙げた神祀りは、私が自分で調査した地域である。これ以外にも神祀りのために栽培していたところは多くあるだろう。

旅する雑穀の種子

現在、雑穀を栽培している人はどのようにして雑穀の種子を入手しているのであろうか。

もちろん、先述した岩手県の羽柴さんや奈良県の福井さんの例でわかるように、在来の種子を自家保存していた人たちが各地にいて、栽培を継続していたことがもっとも大きな要因であり、その人たちから種子を譲ってもらって栽培を再びはじめた人たちもあるだろう。ここでは、近年、雑穀栽培をするにさいして、どこから種子を手に入れたかを沖縄県を例にして記してみよう。いわば、沖縄県における雑穀の種子移動、あるいは旅する雑穀の種子の話である。

石垣市白保の大正五年（一九一六）生まれの仲島タマさんは、長い間三種類の粟を栽培してきたが、平成十五年まで栽培していたのは白保の在来の品種ではなく、伊良部島の佐《さ》良浜《らはま》の住人からもらったものである。仲島タマさんは旅行が好きで、各地に出かけると、やはり農業のことが気になり、あちこちの畑などを見て歩いている。佐良浜に行ったとき見た粟の種子をほしくなり、知り合いを通じて譲り受け、送ってもらったものである。仲島タマさんはモロコシも平成十年ごろまで作っていたが、種子は保存している。

隣の集落である石垣市宮良に住む小濱勝義さんは、平成十八年に糯種のアー（粟）とウフムン（モロコシ）を栽培した。その様子は第三章「雑穀を栽培する」に詳述した。この粟の種子は竹富島の内盛正玄さんから、モロコシの種子は白保の内原さんから以前に譲ってもらった種子である。さらに、平成十八年には竹富島の内盛勇さんから譲り受けたウズラシン（黍の一品種）という八重山の在来の品種を種子採り用に種播きをするという。このウズラシンを保有していた内盛さんは、波照間《はてるま》島の親戚から譲ってもらったという。また、白保の仲島タマさんからもサクァーと呼ぶ粳種《うるちしゅ》の粟の種子を譲ってもらい、栽培していた年もある。宮良では黍をキィンと呼び、小濱さんは宮良の在来の品種を保存している。

八重山《やえやま》では稗の栽培は行なわれていなかったが、小濱さんは稗がどのようなものか、栽培してみたくて、私の仲介により岩手県の県北農業研究センターの長谷川聡氏と福井県立大学生物資源学部の松岡由浩氏から譲り受け、栽培したところ、岩手県の種子が成育し、脱穀・調整して食べることができた。福井県の稗は発芽できず、栽培ができなかったという。先に記した小濱さんの種々の種子は、稗のみでなく、私が仲介したものもある。小濱さんには、八重山や沖縄からもらい受けた種子を、種子採りを目的とした栽培をしてもらっている。私は地域で栽培されているいろいろな雑穀の種子をあちこちからもらい受け、三十年ほど保存していたが、保存が悪く、虫が発生してしまった。それを岩手県の県北農業研究センターの長谷川聡氏に送り、播種を試みてもらったが、十数種類ほどあった種子はどれも発芽しなかったという。保存が悪いとさすがに雑穀の種子も発芽が困難であるらしい。平成十二年ごろ、福井県の松岡由浩氏から稗の種子がほしいとの連絡を受け、東京都檜原《ひのはら》村の稗の種子を送ったが、これも発芽しなかったという。こうした苦い経験を経て、ここ数年に各地の栽培者からもらい受けた種子は、まず、東京学芸大学の木俣美樹男氏の研究室に送り、専門に保管をしてもらい、残りをわが家の冷蔵庫に保管している。このことについては後で詳述する。

沖縄県の粟国《あぐに》村浜の新城トシ子さんは糯種《もちしゅ》の黍を栽培している。ここでは黍をマージンといい、近年は島の特産物として盛んに栽培している。島の人たちが黍カリントウを作り、販売しており、島名物になっている。近年栽培されている黍は、在来の品種のものではなく、渡名喜《となき》島からもらい受けた種子である。粟国島・渡名喜島の黍の種子について、賀納章雄氏は次のように記している。渡名喜島で栽培されている黍は、この島の在来の品種ではなく、昭和五〇年（一九七五）に渡名喜島の人が、長崎県の天草《あまくさ》地方から取り寄せたもので、その後、島全体で本格的に栽培されるようになった。渡名喜島ではそれ以前にも当時の村長が石垣島から糯種の黍を取り寄せて、希望する農家で栽培を試みたが、モチ味が少ないため、敬遠され、普及しなかった。また、粟の試作も行なわれたが、これも普及せず、モチ味のよい黍が普及したという。この渡名喜島の黍が粟国島に渡り、ここでも栽培が普及し、島の名物になり、「離島フェア」などのイベントで人気の高い商品になっている。黍栽培の盛んな波照間島の種子も渡名喜島から移動した種子であるという（賀納章雄「沖縄県渡名喜島・粟国島における伝統的作物キビの復活とその背景」『人文地理』第五二巻第一号、二〇〇〇年）。賀納章雄氏は沖縄県などの南西諸島の雑穀についてくわしいが、近年、以上のような当地域における雑穀の栽培が復活している現状と復活栽培をした人たちの栽培動機について詳細な報告をしている。同時に、復活栽培にともなう種子の移動の調査を進めている。現代における復活栽培農家の人たちの心持ちや種子の移動実態が判明することは興味深いことである（賀納章雄「栽培者からみた現代南島における伝統的畑作穀類栽培の展開」『史泉』第一〇四号、二〇〇六年）。

神が司る種子

竹富島のユーンカイ（世迎え）とムヌダニ（物種）

沖縄県の竹富《たけとみ》島で行なわれる粟《あわ》や黍《きび》などの穀物に象徴される作物祈願の始まりは、ユーンカイ（世迎え）である。旧暦八月八日の朝から始まるこの儀礼は、竹富島に作物の種子をもたらすニーランの神を迎え、一年間の豊穣を祈願するもので、作物儀礼は数多くあっても、このユーンカイの儀礼が最初に行なわれるのであり、この島のもっとも原点になる儀礼である、とある神司《かんつかさ》（女性司祭者）は語っている。

平成十八年（二〇〇六）の一年間で、竹富島の神祀《まつ》りの儀礼は三三回を数える。そのうち有名なタナドゥイ（種子取祭）は、ユーンカイで神様の国から迎えた作物の種子を、とどこおりなく播き終え、その感謝の意を表す播種《はしゅ》儀礼である。翌年の夏までには害虫駆除や風除けなどのいくつかの生育儀礼を経て、収穫の感謝するプイ（豊年祭）を迎え、最後に、ユーンカイをはじめとする諸儀礼で祈願した願を解く儀礼キッガン（結願祭）を行なって、はじめて一年間の豊穣の祈りは完結するのである。

ユーンカイ（世迎え）は「良き世」「ありがたい世」を迎えるという意味であり、ミルク（弥勒）＝ユ（世）＝豊かな世を願う儀礼である。作物の種子をムヌダニというが、ニーラン神がムヌダニ（物種）を携えて、竹富島のニーラン石のある浜に降り立ち、八重山《やえやま》の島々にムヌダニを配るのである。最初に、ニーラン石に向かい、神司がニーラン神に神口《かんくち》（神様への呼び出しの祈り）を捧げ、供物を上げ、神様を迎える手招きをしながら、歌を歌う。ニーラン神は海のかなたの地、ニーランから船にムヌダニを積んでやってきて、船のとも綱をニーラン石に結び付けて上陸するのだという。次に神司たちはナージ（仲筋）集落にあるコントゥオン（幸本御嶽・小波本御嶽とも表記する）に行って再度祈願し、さらにニーラン神を小高い丘にある聖地クックバー（小城場）に案内をして祈った。

この一連の儀礼には、ニーラン神が「早回り、早配り」の神に、竹富島をはじめとする八重山の島々にムヌダニを配るように命じ、ここから各島々に作物の種子が配られていく

図16　竹富島のユーンカイ（1）
作物の種子を携えてやってくるニーラン神を浜で迎える（沖縄県竹富町）。

図17　竹富島のユーンカイ（2）
ニーランの浜から村に戻り、神司と村人は歓喜の踊りガーリをする（同）。

という想定になっているのである。面白いことには、竹富島の神さまは、たいへん人間くさく、竹富島だけに有利なように、と思い、ゴマの種子だけを島のある場所に隠してしまうという伝承も付随している。

このように、毎年ニーランの地から神がムヌダニを運んできて、その種子を播き、害虫や風嵐を避け、稔りの夏を迎え、プイという豊年祭を祝い、キツガン（結願祭）によって神さまに感謝するのが、竹富島をはじめとする八重山の島々の穀物・作物儀礼である。種物が大きな儀礼の中心になっており、そこに島人たちの幾世にもわたる五穀豊穣への願いを知ることができる。

なお、竹富島には作物の神が多数存在し、それぞれの聖地をオン（御嶽）と呼んで祀っている。

ユームチオン（世持御嶽）――農耕と火の神

ウーリヤオン（玻座間御嶽）――粟の神

サージオン（サージョンともいう。仲筋御嶽）――麦の神

コントゥオン（幸本御嶽）――マメ類の神

アイミシャシオン（東美崎御嶽）――イモと海の神

世持御嶽が農耕の神として存在し、他の神は各作物ごとの神が存在しているのである。いわば、神が農耕の分業をして、島を守っているのである。

さらに、

バイヤオン（波利若御嶽）――雨の神（作物の生育に必要な雨）

クマーラオン（久間原御嶽）――山の神（樹木）

ハナックオン（花城御嶽）――海の神

もある。粟の神であるウーリャオン（玻座間御嶽）、麦の神であるサージオン（仲筋御嶽）、マメ類の神であるコントゥオン（幸本御嶽）、雨の神であるバイヤオン（波利若御嶽）、山の神であるクマーラオン（久間原御嶽）、海の神であるハナックオン（花城御嶽）の六つのオンをムーヤマと呼び、竹富島のオン創建の神話を伝えている。ムーヤマとは六つのヤマ、すなわち、六つのオンのことである。八重山では、オンをヤマとも称しており、各オンに属する村人をヤマニンズという。

これらの作物を司る神とオンの伝承は、ユーンカイによってニーラン神がもたらす作物の種子と五穀豊穣のユ（世・幸・豊など人の暮らしの基底にある最高の価値）とともに、竹富島がムヌダニ（物種）の島であることを示しているのである。

神様が作物の種子を配る儀礼は、宮古《みやこ》島諸島の地域にも見られ、ンナフカと呼ばれる神祀りであるという。そのうちの一つである宮古島市の宮国では次のように伝えられている。

ンナフカの神は深江端という珊瑚《さんご》礁《しょう》のきれめの、小さな入り江に船をよせ、金銀財宝や、五穀の種を馬にのせ、部落の阿旦嶺（アダンニー）という所まで来て小憩なさり、そこから宮古全体に富を分配され、三日後にお帰りになるという（鎌田久子「農祭斎忌」『新嘗の研究』四、一九九九年）。

ここでは五穀の種子は、金銀財宝とともに「富」として分配されていた。宮古島に近い水納島ではマッツウンナフカの日として伝承されている。

五穀物種の授受儀礼

石垣市街にある四つの大字登野城・石垣・大川・新川の豊年祭の二日目には、サイリという神がグククムヌダニ（五穀物種）の入った籠を持って現れ、村の神司にグククムヌダニの籠を授受する儀礼を行なっている。この儀礼には五穀の物種が入った籠が登場する。籠のなかのグク（五穀）は稲・麦・粟・フームン（モロコシ）・イモ（サツマイモ）である。その年に収穫したグククムヌダニを、最高神であるサイリの神から授受されたわけである。石垣市街の四つの字をシカアザ（四ヵ字）といい、合同で豊年祭を行なうが、豊年祭をプーリィとかプールという。各島の豊年祭を意味する言葉は微妙に異なるところがあり、黒島ではプール、先述したように竹富島ではプイという。豊年祭だけでなく、モロコシのように作物の名称も異なっているものもある。そのため、統一した呼称ではなく、例として挙げた地域による呼称を記し、表記する言葉を地域によって使い分けた。

こうした五穀の物種の籠を神から授受される儀礼は、石垣市白保などでも行なわれている。石垣市平得《ひらえ》では種子取祭に、黒島では旧正月、西表島《いりおもて》の祖納ではシツ（節祭）などに行なわれ、八重山の島々では歴史のある儀礼である。なお、これらの神祀りには粟や麦などが欠かせない。地元の農家の人たちが「苦労でも、神祀りのためには作る」といい、現在でも継続して栽培している。

注目すべきことは、五穀の作物が決して穀物に限っておらず、イモが入っていることである。黒島のアースン（東筋・アガリスジともいう）集落では、粟・ウブン（モロコシ）・イモ・クマミ（緑色の小豆）・ゴマであり、同じ黒島のナカントウ（仲本）集落のグククムヌダニ（五穀物種）にはニンジンが入っている年もある。西表島の祖納のシツ（節祭）ではナスも五穀の一つになっている。五穀とは五種類の穀物を意味するのではなく、島の人たちがいうように、「決まっている五種類の作物がないなら、あるものならなんでもよいのだ」。

高知県の椿山でも、ある老人は「むらでは、昔から作ってきたものいっさいを五穀といいます」と語っているが（福井勝義『焼畑のむら』朝日新聞社、一九七四年）、作物を作る人たちの心持ちは、五穀がかならずこれこれの作物でなければならない、といった固定観念を持つことなく、その地にできた作物をもって暮らしを満たしていく精神の術を有していたと見るべきであろう。

なお、竹富島と石垣市宮良集落では「五穀」という言葉はないという。穀物に限らず、すべての作物の総称として、宮良では「作る物」を意味するスクルムヌ、竹富島ではホオルムヌ・スクルムヌという。ホオルムヌとは種子を放って播くことからきた言葉であるという。

神が授ける種子

神が「五穀物種」を村の人たちに渡し、一年間の豊穣を約束する儀礼は八重山に見られるが、五穀の種子を神が授ける例は本土にもある。

大分県豊後大野市大白谷の穴権現様は粟神さまとも呼ばれている。十月十日が祭日で、粟神様から粟の種子をいただいた。参拝者は粟穂を紙袋に入れ、お供えして祈願してもらう。奥に座っている神主と総代から猪口一杯の粟種子をもらい、春に粟を蒔くとき、これを混ぜて蒔くと病害虫におかされないので、豊作になるという。近隣地域から千人近い参詣者があるほどにぎわっていた、といわれている（『大分県の祭礼行事』大分県立宇佐風土記の丘歴史民俗資料館、一九九五年）。

神主が神様に成り代わり、種子を授けている様子がよくわかる。

東北地方の神社でも各地で行なわれている。山形県の羽黒《はぐろ》山の松例祭《しょうれいさい》では、修験者《しゅげんじゃ》によって祀り込められた霊力を付与された五穀の聖種子が分配され、分配された農家ではその種子を手持ちの種子に混ぜて播種する。この聖種子にたいする信仰圏はかなり広かったと伝えられている。

次は神の前で種子を交換する例である。

鹿児島県南大隅町では、正月の六日夜に子ども組が家々を訪れて祝福の唱えごとをする行事がある。これをフクサイモン（福祭文）というが、子どもたちは「祝い申そ」といって中庭に入って唱えごとをしてから、持っていた袋のなかの米・粟の籾《もみ》を座敷や庭のほうに播いたという。小野重郎によれば、「新春に米・粟の種を家々に配り与えて回る者があったことをものがたっている」と記し、家々を回り種子を配り与えている者が、「節の変りにその節にまく穀物の種を与えて回る来訪神」の姿を想定していたのである（小野重郎

『農耕儀礼の研究』弘文堂、一九七〇年)。やはり神が種子を司っていたのである。

種子は神とともに

山梨県上野原市の西原地区は、隣接する棡原《ゆずりはら》地区とともに、雑穀食のおかげで全国でも有数の長寿の村であった。現在、西原地区の中川智さんは先代の農業を受け継ぎながら、雑穀や蔬菜栽培を行ない、多彩な雑穀と野菜をふんだんに使った食生活を営んでいる。購入した米が毎日の主食で、これに雑穀を加えた飯である。餅もまんじゅうも団子も雑穀を中心にして作るので、それぞれの雑穀の味を楽しむことができる。

中川家では現在も雑穀の種子を自家採取して保存し、翌年に播種する。粟・黍・ホモロコシ(モロコシ)などの種子の束を一括りにして神棚のそばに吊るしておく。聞くところによると、先代がこのようにしていたから、自分も同じにようにして保管しているという。また、中川家では、一月十一日にはクワイレ(鍬入れ)の行事を行なう。これは農家の農初めである。朝に行なうもので、戸主がコバタと呼んでいる幣束を切り、熊笹に結わき、畑に三本立てた。まず、太陽に向かって今年の豊作を祈り、鍬で畑を耕し、五穀の種子を播いた。五穀は枡に入れた粟・黍・米・大豆・蕎麦の種子である。この五穀の種子は毎年同じ作物ではなく、その年によって違ってもよい。五穀の種子とともに、ダイコン・ニン

図18　翌年の種子は神棚に捧げて保管する（山梨県上野原市）

図19　1月11日のクワイレの行事（同）

ジン・サトイモなどの煮物も播き、土をかけておく。最後の祈りをして儀礼は終了する。

中川家が先代から継承してきた種子保存にしても、クワイレの儀礼にしても神とともにあるのがよく感得できるものであった。

種子の神話は何を語るのか

オホゲツヒメ神話―死体から化生した五穀の種子

日本の五穀については、『古事記』に記されたオホゲツヒメの神話に見られる。このオホゲツヒメの死体の化生する神話は、人の暮しの基本に関わる五穀の発生譚《たん》になっているのであり、いわば、「作物・食物の誕生」譚ともいえるものである。『古事記』の現代語訳を要約して見てみよう。

スサノヲノミコトは、天の世界から追われて下界に下り、オホゲツヒメの神に食物を求めた。そこでオホゲツヒメは鼻や口、尻からいろいろなご馳走を出して、スサノヲノミコトにあげた。スサノヲノミコトは、その様子を見て、穢《きたな》いことをして供された食べ物と思い、オホゲツヒメを殺してしまった。殺されたオホゲツヒメの死体からいろいろな物が発生した。すなわち、頭に蚕、目に稲種、耳に粟、鼻に小豆、陰部に麦、尻に豆ができた。カムムスビノミコトがこれを取り上げて種子とした。

このようにオホゲツヒメの死体の各所から蚕と穀物・マメ類の種が出てきた。これによって、下界、すなわち、人間世界の作物・食物の基が作られたわけで、生存条件の第一である食物が整えられたのである。

このような死体から食物の発生する神話を死体《したい》化《け》生《しょう》神話《しんわ》といい、ウケモチノカミやワクムスビノカミのそれが知られている。ウケモチノカミの場合は、頭から牛馬、額から粟、眉から蚕、目から稗、腹から稲、陰部から麦・大豆・小豆が発生し、ワクムスビの場合は、イザナミノミコトの死にかかわるもので、頭から蚕と桑、ほぞから五穀が発生した。これによって見ると、神の死体から発生した五穀、蚕と桑、牛馬は人間の生活に欠くべからざるものである、と神話が語っているのがわかる。

オホゲツヒメは穀物神として有名で、その神話は五穀、あるいは穀物の起源神話と位置付けられている。ウケモチノカミ・ワクムスビノカミも同様に穀物の神として認識されている。

しかし、この三つの穀物起源神話をよく検討すると、穀物だけを対象としているわけではない。オホゲツヒメ神話では、稲・粟・麦の三種類の穀物と大豆・小豆のマメ類、それに蚕という食物以外の動物の発生を見ている。ウケモチノカミは、粟・稗・稲・麦の四種類の穀物、大豆・小豆の二種類のマメ類、それに牛馬と蚕という三種類の動物であり、ワクムスビは、五穀の他に蚕と桑を発生させた。すると、三神は穀物の他にマメ類・動物・桑（蚕の食料になる植物）を発生させたことになり、とくに、穀物とか五穀とかに限定されているわけではなかった。ここでは、穀物起源神話といっても、穀物とともにマメ類と、それらの食料を栽培するに必要な牛馬（ときには食料にも）、そして布の材料となる蚕・桑の発生を物語ったことになる。これらの神話は、穀物と同等に扱われているマメ類・牛馬・蚕の重要な存在を意図していたのである。ここに人間が生きるに必要な物資の誕生を見たといってよい。これは農耕と食の文化が誕生したことを意味している。神の死体が化《け》生《しょう》した種子の発生は、文化の発生をも意味していたのである。

死がもたらす五穀豊穣の世界

オホゲツヒメの神話に代表される神話は、死体から作物の種子や人間世界の必需品である牛や馬・蚕などが発生し、それによって作物等を作り、暮らしに豊かさがもたらされることが想定されている。いわば、

「死がもたらす豊穣の世界」といえるだろう。これらの神話は日本の古代国家が選定した伝承である。

一方、それとは別に民間に伝わる昔話のなかにも、これに類似するものがいくつか見られる。たとえば、山姥《やまんば》の死体が蕎麦《そば》やトウモロコシに化生する「牛方山姥《うしかたやまんば》」「天道さん金の綱」などである。山姥の死体を捨てた畑からニンジンが生えた昔話もある。奄美大島《あまみおおしま》の奄美市に伝わる話は、女の死体の口から米、鼻から麦、目から野菜、耳からイモが発生した（大林太良《たりょう》「南島稲作起源伝承の系譜」『南島の稲作文化』法政大学出版局、一九八四年）。

東京都の多摩地方や山梨県・長野県では、「ハゲン爺と粟作の豊作」が語られている。七月二日（三日）の半夏生《はんげしょう》の由来として伝承されてきたもので、「半夏生のときに、山や畑が焼けて、その中でハゲン爺が焼け死に、その畑に播いた粟が豊作になった」というものである。これも「死がもたらす五穀豊穣の世界」である。

麦の伝播伝説

民間には、それまで知らなかった遠隔地にある穀物の種子を持ち帰ることが広く行なわれていたことを知る伝説がある。次は東京都羽村《はむら》市の下田家に伝わる話である。

昔、六十六部《ろくじゅうろくぶ》が四国を巡礼したとき、羽村あたりでは見かけない種類の麦があるので、もらい受けようとしたら断られた。そこで六十六部は、朝、出がけにワラジをはきながら、ワラジの紐に麦の種子を三粒より込んできた。そうして持ってきた種子をこの村の周辺に広めたので、その麦のことを「シコクムギ（四国麦）」というようになった。

これは昭和五十年代前半に聞いた話である。当時も当家は大麦を作っており、シコクムギは麦のなかで一番おいしいので継続して作っているとのことであった。しかし、この大麦は収量が少ないという。

この話は、六十六部という民間の信仰者が種子を持ち帰ったという話になっている。後で述べるが、民間信仰者であったことは大変重要な意味を持っている。ここでは、自分の知らない品種の麦に注目し、それをなんとかして自家に持ち帰り、栽培したいという農民の欲求を指摘できるだろう。

東京都檜原《ひのはら》村に伝わる種子の伝説も麦の伝播《でんぱ》に関わるものである。種子の播種《はしゅ》をする最初の日と最後の日は丑《うし》の日を選んでするようにした。そのいわれは、「麦は牛の爪に似ているので」とか、「牛が善光寺《ぜんこうじ》に来たときに爪の間に麦の穂をはさんで運んできたから」とか、いわれている。麦の実が真ん中で割れているので、同じように割れている牛の蹄《ひづめ》に見立てた伝説である。ここでも善光寺参りにちなんだ話になっており、民間信仰との関連が想起されるのである。

麦伝播を語る伝説に「弘法の麦盗み」がある。話の要約は以下のようである。

弘法大師《こうぼうだいし》が中国に留学し、日本で知られていなかった穀物である麦を見て、日本に持ち帰るためにひそかに盗み、自分の足を傷付け、そこに種子を隠した。これを麦畑の持ち主の飼い犬が見とがめ、はげしく吠えた。畑の主は犬をとがめて殺してしまった。弘法大師は麦の種子を隠したまま日本に帰り、麦作を広めた。しかし、弘法大師は罪もなく殺された犬に同情した。犬にちなんで、麦の種播きは戌《いぬ》の日にするものだ、といい伝えられた。

この伝説は穀物起源伝説の一つとされている。

以上、三つの麦の伝播についての伝説を紹介した。いずれも民間に関係の深い信仰者や寺院、弘法大師などが関わっていたことがわかる。このように種子の伝播譚《たん》の流布にたずさわった人たちが民間の信仰者であったことを想定させるのである。

実際、農家の人たちは、翌年の種子を種子屋から買う場合もあったが、自分で栽培した畑のなかでよく稔った穂を選び、保管して翌年の種子にした。それだけでなく、近隣の農地によく稔った穀物があればそれをもらったり、旅先でよい種子を見つければもらい受けたりして、翌年、その種子を播いた。自分の栽培した作物から種子を採ることを自家採取というが、自家採取を数年繰り返して播種すると、種子の劣化により、収穫物が小さくなったり、減少したりする。それを防ぐために、いろいろな手段で種子をもらい、更新していくのである。こうした農家の人たちの意識が神様から種子を授けてもらったり、神様の前で交換したりする儀礼を生み出した。また、死体化生神話に見るのは、種子の原初の形、すなわち、種子は神様の分身として発生させた神聖性である。このように、種子は神様に関わる神聖性をさまざまな形で示しているわけで、右に紹介した麦の種子の伝播譚が弘法大師や民間信仰者・寺院と関係しているのは、神ではなく仏であるが、種子の神聖性を基底にした伝承だからである。

作物の作り方を教える神

以上は作物の始原、すなわち、作物の種子の発生や作物そのものの発生、伝播に関する神話・伝説であった。しかし、人間は作物の種子や作物を手に入れても、かならずしも栽培できるとは限らない。そこで、次のような作物の作り方を教えたという神が登場するのである。作物の作り方のみならず、食物の種類や織物の織り方も教えた。いわば、農耕の起源、食物と織物の起源神話といえよう。

沖縄県国頭《くにがみ》村安波《あは》の海神祭《うんじやみさい》は七月の亥《い》の日に行なわれているが、その由来を次のように伝えている。

往昔《おうじやく》、まだ開けぬ時、人民は農作物というものを知らず、ただ禽獣《きんじゆう》を捕って日常の生活をしていた。それで食物の無い時は、あちらこちらを彷徨《さまよ》い「オホーイ、オホーイ」と叫んで歩き廻った。彼らは一定の住居を持たず、着物はもちろん持たなかった。ただ木の葉をもって身を被い、草の葉をもって冠《かぶ》り物にしていた。

その時、山の頂上から「オーイ、オーイ」と叫びつつ一人の神様が現れて来て、迷える人民に農作物の作り方や食物の種類を教え、なお、着物を作ることをも教えた。その時から初めて農耕を知り、織物を織る事を知った。それでこの神様を祭るために毎年七月亥の日には、祭典を挙行するようになった（『日本民俗誌大系』第一巻　角川書店、一九七四年）。

石垣市川平《かびら》のシツ（節）の夜に訪れたマユンガナシも、一夜の宿を提供した南風野家《パイスヤー》に、天神の命により作物作りの神口（神の言葉）を教えに来たという伝承を持っている。石垣市浮海《ふかい》のシツのヨイ（節祭）にもマユンガナシが来訪する。このことを浮海に明治二十九年（一八九六）に生まれた新本ニィムヌイさんは、次のように話している。

マユンガナシはパイのシマ（南の島）からウフユマーリして来て、この島へムヌツクリ（農耕）の案内言葉を持って来ましたといいます。これが、マユンガナシが最初にいう言葉でした（採録山里節子・登野城ルリ子「浮海のマユンガナシ」『八重山文化』第四号、一九七六年）。

ここでは農耕のことをムヌツクリという。八重山では作物のことをスクルムヌ（作る物）といい、沖縄の正月ともいわれるシツの夜に、マユンガナシが南の島から「ムヌツクリの案内言葉」を携えてやって来て、各家を廻り、一年の福・豊穣を寿《ことほ》ぐのである。「ムヌツクリの案内」とは、南の島の神が農耕の仕方を教えることに他ならない。島に来た最初の言葉がこれであるというからには、もっとも大切な神の言葉と理解すべきで、それが農耕のあり方を意味しているのである。浮海は近世に川平村の管轄化におかれた村であったこともあり、川平と類似した神の教えを伝えたものであろう。

このように神が作物の作り方を伝授するのは沖縄だけではない。本土にも多少あるのである。

農業を教える神楽

宮崎市生目《いきめ》の跡江神社の作神楽《さくかぐら》は、旧暦二月の初卯の日に舞うものであった。これは五穀の願かけのための作神楽で、三十三番あるうちのなかに「田の神舞い」というのがあり、ヒョットコ面に赤い鉢巻をし、手にメシゲ（しゃもじ＝ヘラ）と鈴を持って舞いつつ出てくる。腰には大きな菰《こも》をぶら下げ、舞いながらぶらぶらぶらと振る。大声で神主を呼び出して、

図20　神楽「種播き」で作男に種播きを教えるエベス様
（東京都奥多摩町・大山祇神社、牧野立治氏提供）

菰の中身を面白おかしく神主に説明する。イネ・ムギ・イモ・ナンバンなどいろいろの種を菰から取り出して、「コレ神主、コノ種は――」といったふうに植え方まで教える。神主は恭しくそれを貰《もら》って、田の神が帰っていった後に、舞庭の四隅にそれらの種を蒔くのである。登場する神は田の神となっているが、穀物の種子は稲、麦の他にイモ・ナンバンなどいろいろであるという（小野重郎『農耕儀礼の研究』弘文堂、一九七〇年）。

　東京都奥多摩町海沢の大山祇《おおやまづみ》神社の祭礼は、八月最初の土曜日の夜に行なわれる。ここで奉納される神楽《かぐら》に、宮崎市と同様な舞いがある。この神楽は全部で二十四座

（演目）があり、そのうちの「種播き」にはエベス様が登場し、いい加減な野良仕事をする作男に種播きを実際にやってみせるのである。その所作は、当地域における麦播きの作業そのものである。種を播いた畝《うね》を、両足を引きずるようにして歩いて土をかけるのであるが、これをケボルという。エベス様はその格好を舞台で同じ所作で演じるのである。こうして神様は農業のあり方を教えたわけである。

ここで紹介した例は、作物の作り方であるが、宮崎市と東京都奥多摩町の神楽が示しているように、農作業における最初の種子播きを教えているのである。これは種子播きが農作業全体の象徴として考えられているからにほかならない。

以上に見たような神様が作物作りを教えてくれることはまだまだありそうである。ここでいえることは、沖縄の神様は重要な祭祀《さいし》において、神様が神口によって教えるという形を取るが、本土では大祭で奉納される神楽によって教える形を取っているようである。もう少し、各地の事例があれば、興味深いものが見えてくるかもしれない。

種子のゆくえ

シルクロードの町で穀物を抱いて眠る

平成十七年（二〇〇五）一月二日、NHKによる「楼蘭《ろうらん》四千年の眠り」と題する番組の放映があった。それはタクラマカンのオアシスで発見された小河墓《こかぼ》遺跡でのことである。この墓地からは二十代と推定される若いコーカソイドの女性の遺体が発見され、その遺体のそばには籠に入った小麦の種子があり、遺体そのものの上には植物の枝（麻黄《マオウ》）があったという。三千年から四千年前の遺跡といわれている。別の墓から子どもの遺体が発見され、その子の枕元に麦の入った食籠《じきろう》があった。「これを食べて成長するように」との願いが込められているという解説があった。二千年前か、三千八百年前の遺跡と推定されている。

この遺体とともに発見された麦の遺物は、考古学の専門的な分野から見ると興味深いことがたくさんあるだろうが、ここで指摘したいのは、若いコーカソイド系の女性の棺から小麦の入った食籠が発見された意味である。墳墓にしろ、棺にしろ、遺体の葬り方にしろ、そこからこの女性が集団のなかで高い地位を有していた、あるいは権力に近い女性、または権力そのものを握っていた女性、と推測できることであった。いずれにしても一般の人とは思えない様相を呈していた。この権力に近い女性の遺体が小麦を抱いて長い眠りに就《つ》いたことは、その穀物が権力に統帥《とうすい》された集団にとって、大切な食料であったからに他ならないが、さらにいえば、穀物は権力の象徴でもあった、ということも意味しているのである。おそらくもう一つの植物遺体である麻黄も権力の象徴であろう。

この楼蘭の墳墓から発見された穀物が語るのは、穀物も権力の手のうちにあるのだ、ということである。

そのことを証明するかのように、中国においても墓のなかから副葬品《ふくそう》として穀物の種子が発見されている。中林広一氏によれば、この墓は咸陽《かんよう》市楊家湾にあるもので、前漢文《ぶん》帝《てい》・景帝《けいてい》期のものと推定され、穀物の種子は粟・小麦・蕎麦・マメなどで、壺に保管されていた。他にも蕎麦の種子の副葬品もあり、粟や稲の種子の出土例は新石器時代から各地で確認されているという(中林広一「中国におけるソバについて」『史苑』一七五号、二〇〇五年)。

種子の現代性

楼蘭の若い女性遺体のそばにあった小麦は権力の象徴であったと述べたが、これは楼蘭に限ったことではない。日本の弥生《やよい》時代、あるいは古代を見ればよくわかる。『日本書紀《にほんしょき》』の神話を見れば、穀物を掌握しているのはもっとも偉大な神、天照大神《あまてらすおおみかみ》である。また、史実においても稲の生育に関する事柄にも天皇の支配力が及んでいるのは周知の事実である。沖縄の穀物神話も同様である。しかし、国家が生み出した神話ではなく、民衆が語り継いできた神話・伝説のなかにも穀物の伝来や由来譚《たん》もある。そこには権力者も登場し、穀物の種子を管理・掌握して、民衆や他国の者に渡すまいと試みるが、民衆たちはそれに抗して、権力をあざむき、まんまと穀物の種子を手に入れる穀物由来譚はいくつもある。一つだけ、例を挙げよう(要約)。

ある女性が中国に行ったとき、たいへんおいしい穀物をたべさせてもらった。それが黍《きび》であった。そこで黍の種子を自国に持ち帰りたいと願い出たところ、その中国の王が他国に持ち出すことを嫌い、だめだという。しかたがないので、その女性は、黍を広げて乾燥させているところに行き、イッサム(女子用ふんどし)と呼ぶ下着を脱ぎ、黍の上にすわり、自分の陰部に種子を隠して自国に持ち帰った（馬渕東一「沖縄の穀物起原神話」『日本民族と黒潮文化』角川書店、一九七七年）。

この穀物伝来譚は沖縄県の宮古島の大神島《おおがみ》に伝わる話で、同様の話は八重山にも広く分布している（増田「八重山における五穀の語り」『石垣島調査報告書』沖縄国際大学南島文化研究所、二〇〇五年）。現在でも八重山の豊年祭に登場して重要な役割を果たすグククムヌダニ（五穀物種）のなかに黍が入っていないのは、この由来譚が示すように、女性の陰部によって運ばれてきたから穢《けが》れているためだ、といわれている。もっとも、穀物伝来譚のなかには、穀物の種子を盗んできて、伝播《でんぱ》させたという話が各地にある。これを「穀物盗み型（プロメテウス型）」として分類するほどに多くある。本土でいえば、先述した「弘法の麦盗み」が有名である。しかし、ここで問題にすべきことは、権力を有するものが穀物の伝播にまで関与し、他国に持ち出し禁止を命じていることである。それは、その穀物のありようがその国の命運を左右する可能性を示唆していると考えてよい。

現代におけるグローバル化の国際社会のなかにあっては、「食料は武器である」という有名な言葉があるほど、穀物は国の命運を左右する。戦争、自然災害による飢餓、民族紛争等々の結末に、その該当国に食料援助と経済封鎖を自在にやってのける大国もある。これこそ、権力の掌中にある穀物＝食料である。そして、穀物をはじめとする農産物の種子の遺伝子操作による種子の独占化。先述したモンサント社による野菜の種子が一年草と同じように一年しか発芽・結実しないという遺伝子操作は、そのことの証明である。世界の一握りの穀物メジャーという権力による種子の掌握は現実のものである。岩手県軽米《かるまい》町の波柴さんのいう「農協の種子は一年だけ」というのも同じである。遺伝子操作によって、多年草であった野菜が一年しか発芽しないという種子の現実がすでに始まっているのである。

雑穀の在来の品種保存の意義

現代社会において、私たちは新しい作物、新しい食品をどんどん受け入れて、食生活を豊かにしている、と思っている。豊かになっていることも事実であるが、一方では、たいせつなものを失っている場合もある。日本の伝統的な食品が健康によいとされ、世界でもてはやされてきてからも数年が経つ。しかし、日本の伝統的食品のよさ、本意の部分で検討されてもてはやされているのであろうか。スローフード・スローライフという流行語が流行《はや》り、次に流行ったのは「雑穀は健康食」であった。雑穀は先端の商品としてデパートで、高級食品店でブランド物として扱われもした。その裏側では雑穀の生産地、国内外を問わず、走りまわって買い集めた穀物業者の姿もあった。

しかし、雑穀を栽培する生産者も、買い集める穀物商も、雑穀を食べる消費者も、雑穀の種子について思いをはせることがあったであろうか。先の項でわずかに触れたように、農産物の最先端技術は消費者の知らぬところで、開発され、実際の技術に適応されている。遺伝子組換えの大豆とトウモロコシは食品表示に示されているので、消費者は選択して購入できるようになっているはずであるが、豆腐や納豆については「遺伝子組換えの大豆を使用していない」と表示されている。マーガリンのトウモロコシに関しては不分別の表示であり、遺伝子組換えの有無について判断できないのが現状である。さきに岩手県の生産者が野菜の種子について語ったように、DNAの組換えは種子生産の段階で、消費者に伝わらぬまま行なわれているのである。もちろん、生産者たちが自主的に遺伝子組換えの農産物を拒否している滋賀県や千葉県のグループも存在している（『朝日新聞』二〇〇五年二月二十二日）。今いちど、雑穀についても、種子の問題に注目していきたい。

この種子の問題については、民族植物学の阪本寧男・木俣美樹男両氏の長年にわたる仕事が指針になる。

阪本寧男《さだお》氏は在来の品種の種子について、トルコの例として、次のように書いている。

伝統的な農業を行なっていた地域で道具も機械化されて大農式に進展してきた。「それを反映してコムギやオオムギの在来品種は近代品種におきかえられ、広い地域で品種の単純化が急速に起こっていた」「それとともに、たとえばいままでトルコの病害リストになかった病原菌が蔓延し、いったん上昇した収量が急速に減少し」たという。したがって「コムギ品種の単一化や育種にたいする見直しが問題となっており、トルコの在来種遺伝資源の収集・保存のセンターであるエーゲ地域農業研究所の役割が重要視されるようになっていた」。この例では、地域の特性などを考慮するのではなく、効率よく、しかも収量のあがる品種の、しかも単一品種の栽培によっては、長期間の農業のあり方は保障されていかないことを示している。

これに対して、伝統的農業において、農家は「いくつもの異なる作物種を栽培することと、重要な食料源には複数の品種もしくは変種を開発しておくという二つの方法によって危険分散を図る」という（C・M・コットン、木俣美樹男・石川裕子訳『民族植物学』八坂書房、二〇〇四年）。続いて、フィリピンでは百を超えるイネの栽培品種、ペルーでは主要な食料であるキャッサバについては五十以上の品種を認識している人たちがいるという。「これら民俗変種もしくは地方品種はそれぞれ食味、大きさ、貯蔵特性、登熟時期、病気への抵抗性など幅広い特徴をもっており、その点で栄養から文化にいたる各種の要求を満たし、予測不可能なことが多い非常時にもそれなりの生産を確実にもたらす」という。在来の食料、あるいは品種にたいする認識という点では、パプアニューギニアのセピック地域の例も興味深い報告がされている。ここでは、ヤムイモを大きく二つに分類し、さらに一方を三十九種類に、他方を三十八種類に区分し、それぞれに名称を付けている。他にもタロイモ・バナナ・サゴヤシなどに複数の分類をしており、多数品種栽培を行なっている。しかし、ここでは、現地住民の多数品種栽培の理由は、生産性の危険回避などではなく、同じ作物でも「異なる味を求める」ことにあるという（豊田由貴夫「パプアニューギニア、セピック地域における多品種栽培の論理」『イモとヒト』平凡社、二〇〇三年）。

民族植物学の立場から見ると、栽培植物全般において、在来の品種の多様性が減少することは、「諸々の環境変化に対応してきた多様な遺伝子も失われる。また他方で、多彩な民族文化や地域文化のなかに蓄積されてきた食用や医薬用などの栽培植物および野生植物利用に関する伝統的知恵の体系も失われることになる」（木俣美樹男「栽培植物の生物文化利用多様性の意義と課題」『有機農業研究年報』四、二〇〇四年）。このように考えれば、雑穀のみならず、植物全体において、伝統的な品種が見直され、保存されていく必要が見えてくる。それは現代農業だけでなく、さまざまな生活分野に欠かせないものであること、それによって私たちの生活の安定がもたらされることを認識しておきたい。

種子の現地栽培保存の開始

東京学芸大学環境教育実践施設において数千種の雑穀の現物保存が行なわれている。私も実見したことがあるが、環境教育実践施設の地下に冷蔵保存されているのである。これは、日本や世界の各地の雑穀類の在来の品種の収集と保存を昭和四十七年（一九七二）から行なってきた阪本寧男・木俣美樹男両氏による三十数年にわたる学術研究の成果である。東京学芸大学で保存する以前は、京都大学農学部付属植物生殖質研究施設（旧称）で収集保存管理されていた。雑穀の在来の品種は五千三百二十二系統以上を保存している（木俣、同論文）。

伝統的な作物と人の文化という観点から把握されてきた雑穀、あるいは畑作物は、たんに、雑穀という植物学的な把握ではなく、人の暮らしも含めた文化、いわば、文化複合を解明する絶好の具体物である。現在は、在来の品種の冷蔵保存に満足するのではなく、現地栽培による保存を目指し、在来の品種雑穀の保存を追求している。そこから得られた在来の品種の雑穀の種子は保存のみならず、ほしい人に分譲し、雑穀の普及をはかるようにすることを目的にしている。

その指標となったのが、アメリカのアリゾナにあるNative Seeds/SEARCHというNPOである。この組織では、アメリカ先住民の人々の持っていた在来品種の種子二千系統も独自に保存し、畑で増殖して、再普及をしているという。このシステムにおいては、地域固有の種子とそれを保存管理する伝統的叡智を継続していくことも可能である。木俣美樹男氏はこのNative Seeds/SEARCHの保存・普及活動を参考に、日本でも在来の品種の雑穀種子の保全と普及活動を始めた。それがミレットコンプレックス（Millet Complex）で、山梨県小菅《こすげ》村の協力を得て現地栽培をしている。雑穀栽培の講師は、地元の伝統的な農業体験者である山梨県上野原市の中川智さん、同丹波山《たばやま》村の岡部良雄さんである。ミレットコンプレックスは平成十六年に創設され、この年には粟・黍・稗《ひえ》・シコクビエ・モロコシの栽培をし、秋には収穫し、食品加工も行なった。この年の最大の興味を引いた加工品は、稗の焼酎《しょうちゅう》造りであった。これは山梨県の酒造会社笹一による醸造である。平成十七年には日本の在来種六種類の雑穀を播種《はしゅ》した。収穫は九月下旬に行なわれたので、ミレットコンプレックスの会員でもある私も参加して、シコクビエの穂刈りを体験した。この年には、昨年に醸造した稗の焼酎「阿礼のひえ」の試飲会、雑穀食品開発も盛んに行なわれた。また、地元の「小菅の湯」におけるレストランでは、ここで栽培された蕎麦とモロコシを食材とした食品がメニューになっている。ミレットコンプレックスは平成十八年に発展的解消を行ない、植物と人々の博物館をめざした「エコミュージアム日本村」を構想している。

ここで注目したいのは、地元との協同作業による活動と普及である。その地域固有の在来の農業をよく知りえた地元の人を雑穀技術顧問として迎え、畑の実際の作業も食品加工も教えてもらうシステムは、本物の伝統的叡智を直接に受けることになるだろうし、大学と地元の協業がもたらす雑穀栽培の保存と普及活動が可能になるだろう。協同で行なっている小菅村という地域も、世界各地を歩いて得た幅広い視点を持つ大学の学問的成果を取り入れることで、地域の活性化を実現するチャンスである。地域が持つ伝統的叡智と世界的視野のもとにある学問的知の結び付きは、新しい農耕と地域文化を形成することになろう。

古くは、中央の学問は地方にきて史・資料や伝承を中央の大学が持ち帰り、地域からさまざまなものを収奪するばかりである、という批判を受けていた時代もあったが、現在はそのような時代ではない。学問が日本の中央や都市にのみあるのではなく、地域から吸収してきた伝統的文化を、大学がいかに地元に還元していくのかが問われている時代がきている。地域から受けた恩恵を地域に返すことは、学問のあり方の一つになろう。

現代では減少しつつある雑穀の種子継承について考えていると、作物の種子および多様な品種の問題が、たんに農業のあり方の問題ではなく、私たちの未来の暮らしを左右する問題も含んでいることに気付く。さらに、農業だけの問題ではなく、文化としての作物認識、あるいは使用価値の認識であったり、また、パプアニューギニアのようにまるで異なる価値観のもとに品種の識別認識をしたりする例があるように、地域が長年にわたり培い、形成してきた文化そのものであることがわかる。気候や土壌や人間の自然認識も含めた地域の個性を作物の種子・品種が包含しているとしたら、単一化され、一年しか発芽しない種子の現代的問題を注意深く見守っていかねばならないだろう。

在来の品種による雑穀栽培をする岩手県

岩手県における雑穀栽培は、地域の生産者農家と岩手県農業研究センターがタイアップして行なっているところに大きな特徴がある。

雑穀生産量は平成十四年産では全国生産量の割合が稗八一・六%、粟四六・一%、アマランサス六〇・五%である。黍《きび》や蕎麦《そば》も生産されているが、生産量の占める割合は多くない。稗・粟・アマランサスの三つの雑穀の生産量は全国一である。そのため、個人の生産農家ではできないことを、岩手県農業研究センターが中心になって、栽培・脱穀調整作業にさいしての機械化や機械化に適応できる品種改良などもさかんに行なわれているし、また、消費と販売についても大いに力を発揮している（佐川了・渡邊学・星野次汪「岩手県における雑穀生産と今後の展開方向」『雑穀研究』二〇、二〇〇四年）。また、岩手県の雑穀生産全国一の成果は、個人による雑穀生産・販売の長年の努力や、岩手大学農学部の食品機能・栄養科学の研究もみのがすことのできない要素である。

このように雑穀生産と消費・販売に力を注いでいる岩手県において、雑穀の種子はどのように行なわれているのであろうか。岩手県でも在来の雑穀種子は生産農家がさまざまな種子を保存していた。岩手県農業研究センターでは、在来の保存種子から稗・粟・黍について、収量、熟期、稈の長さなど品種の比較試験を行ない、品種選定をした。これらの比較試験のうち、収量はもちろん最大の指標になる。熟期も他の作物との作業のローテーションとの兼ね合いがあり、稈の長さは台風などで倒伏しないことも大切であるが、機械化ができる否かに関わる問題である。

その結果、稗は「軽米在来《かるまい》」と品種改良された「達磨《だるま》」を、粟は「虎《とら》の尾《お》」「大槌《おおつち》一〇」を、黍は「田老系《たろう》」「釜石《かまいし》一六」を奨励品種として挙げている。これを見ると、在来品種を尊重した品種選び、とくに「軽米在来」や「虎の尾」「大槌一〇」「田老系」「釜石一六」など岩手県の各地に長く栽培されてきた歴史のある在来品種を選定したことは、地

図21　品種改良された稗「達磨」（岩手県、飯村茂之氏提供）

域の風土にあった在来の品種といえるだろう。その地域名を名付けていることも、その品種の存在価値にもなっている。なお、粟の品種「虎の尾」は岩手県にもあった在来種であろうが、全国的に栽培されていた品種でもある。また、岩手大学の星野次汪氏は、上記の品種も含め、稗の品種であるもちひえ（半モチ性）、稗糯（半モチ性）、粟では白糯（モチ性）、黍では岩泉①（モチ性）などの品種を栽培をし、収量および食味の試験をしている。

農家の種子の論理

岩手県農業研究センターだけが雑穀の在来種子を保存したり、奨励・普及したりしているわけではない。本章の最初に書いたように、波柴家のような篤農家《とくのうか》は何年経っても自分で栽培した種子を保存している。ほしい人がいれば分けて上げるのが当たり前に行なわれている。そして、稔りの時期がくると、どのように稔ったか気にかけ、実際に見ていくのである。雑穀とは限らず、野菜などの種子も各地で聞くと在来の品種を保存している農家は多い。麦やトウモロコシなど新しく入ってきた種子を播いて栽培しても、味がちがっておいしくない、というのである。それで保存しておいた在来の種子を取り出し、また栽培を開始するのである。

長年、栽培を続けてきた在来の種子を、栽培を止めても保存しておくのは、その作物がおいしいから、あるいはたくさん収穫できるから、寒さに強く、害虫にも強いから、といったとても具体的な作物の持つ特性を農家の人が認識し、それゆえに種子の保存を行なってきたのであろう。ここには、本章で述べた「権力に収斂《しゅうれん》された種子」の問題は存在せず、農家の意志といおうか、農家の論理が存在するのである。

まだまだ雑穀だけではなく、在来の品種の種子を保存している農家は多く存在するだろう。そして、その保存を可能にしてきたのは、地域に育成した栽培作物のよさなのであろう。それは長い歴史のなかで育まれてきた種子の力そのものといえるだろう。今からでも遅くない。雑穀はもちろんであるが、在来作物の種子の保存に注目していきたいと思う。

雑穀の現代性――エピローグ

第一章「雑穀を食べる」に書いたものもあるが、伝統的「現代風雑穀の食べ方」について紹介しよう。

今風雑穀の食べ方―味の独自性を尊重して

時間をかけて、雑穀料理の作り方を楽しむということは、素人にはできないことである。ここで〝伝統的「現代風雑穀の食べ方」〟といったのは、昔の人たちは仕事の合間をぬって、手間ひまかけずに日常的に作って食べたことに習う意図をこめている。いわば、料理を仕事にしない人のための雑穀料理という意味である。また、伝統的な食品でも、行事などのために特別の日に作った雑穀の食品もある。

［粟飯・黍飯］　粟《あわ》や黍《きび》はご飯に炊き込むのが一番よい。これは毎日食べる飯米に混ぜてお

けば手間がかからない。米の一、二割の混合率でよい。それ以上の粟や黍を使うには、現在では粟・黍が高価すぎるのである。我が家は七分搗き米に二割程度の黍飯を食べている。これにゴマを入れると香ばしい黍飯になる。
［稗飯］　岩手県遠野《とおの》市の民宿などで稗飯《ひえめし》を夕食に供していた。青森県八戸《はちのへ》市のある居酒屋の定食は稗飯・味噌汁とイワシの塩焼きであった。サンマかと見間違うほど大きなイワシで、この定食は昔の漁師の朝食であったという。
［オバク］　麦飯にジャガイモ・インゲン・小豆などを入れた飯。山梨県や東京都の山間の村で主食にしていた。
［ウフムンの混ぜ御飯］　石垣市宮良で食べていたモロコシの飯のことである。ここではモロコシをウフムンと呼び、精白して粒のまま、糯米《もちごめ》とともに飯に炊いた。モロコシはふつう粉食で食べるものであるが、プチプチとした粒の食感が生きていて、とてもおいしい。全体の三割ほどのモロコシを入れて炊くと、赤飯のように赤い飯になる。
［団子汁］　材料は小麦粉や蕎麦《そば》粉などを使い、味噌汁・醤油汁に野菜とともに入れる。あるいは、練ったものをちぎって汁に入れれば、ツミイレになる。岩手県ではきのこや野菜を豊富に入れ、ヒッツミというぜいたくな汁物になっている。

［蕎麦カッケ・麦カッケ］　岩手県の軽米町《かるまい》で作っているもので、蕎麦や小麦の粉を練り、うすく伸ばして、長方形に切り、汁物に入れて食べる。寒い冬には体も温まってくるし、おいしい汁物の一つ。

以下は作る時間が少々かかる食品で、昔の人は行事のときなどに作った。

［黍団子］　これは沖縄県竹富町《たけとみ》の黒島である行事に作られた黍一〇〇％の団子で、適当に丸めて、そのまま食べる。糯黍そのものの味が口のなかに広がる。何も加味しない素材のおいしさを味わうぜいたくな食品。

［モロコシまんじゅう］　モロコシの特徴は、その風味にある。言葉で表現できない味わいのある雑穀で、粉にして食べることがほとんどである。小豆餡《あん》を入れたまんじゅうは今でも山梨県の小菅村《こすげ》や上野原市の西原・棡原《ゆずりはら》地区の家庭で作っている。

［モロコシ餅］　モロコシの粉を練ってまるめ、糯米とともに蒸かして、臼と杵で搗いた餅である。粉を練ったうえで、さらに蒸すという手間のかかる加工工程によって、なめらかな餅になるという。

［ウキウキ団子］　岩手県山形村（現、久慈市）のモロコシの名産品で、ヘッチョコ団子ともいう。とはいっても、各地にあるモロコシの食品で、甘い小豆の汁に入れたモロコシ団

子のことである。モロコシの風味は甘い小豆と一体となって、そのうまさが引き出されているのではないか、と思う一品。

［納豆ヤキモチ］　蕎麦粉によるヤキモチの餡に納豆、または刻んだ漬菜と納豆を入れた食品。福島県の奥会津地方で暮れに必ず作ったもので、いろりで焼くと蕎麦の香りがしてくる。

［黍カリントウ］　沖縄県の粟国《あぐに》島の現代に作られた郷土料理の一品。食べ始めたら止められず、夢中になってしまう食品。一般に販売はせず、粟国島で買うか、沖縄本島で行なわれる離島フェアなどで限定販売をしている。

全国各地にはこれと同じような食品もあるだろうし、これらとは異なった食品もあると思うが、ここに挙げたものは、モロコシ餅以外、すべて食べたことのあるものである。各地で食べさせてもらって、それぞれがとてもおいしく、その味を思い出すことのできる、忘れられない食品である。これは、一つ一つの個別の雑穀の味を生かした食品だからではないだろうか。

第一章「雑穀を食べる」の「現代医学のなかの雑穀」で紹介した杏雲堂《きょううんどう》病院の五穀御飯も、個別の雑穀の味を生かした調理で、雑穀の風味を引き出している。

雑穀といっても、それぞれが独自の風味、味を持った穀物である。それを生かして食品として利用してきたのが伝統的食品であろう。地域の風土のなかで栽培され、個々の雑穀の味を巧みに食品に仕上げた知恵と工夫を見ることができる。しかも、その地域のだれもが作ることができるという点もすばらしい。〃雑穀ソムリエ〃という言葉も聞かれる昨今であるが、地域の雑穀の伝統食を長年作り続けてきた人たちこそ雑穀料理の専門家である。その技術を現代社会のなかでも生かし、雑穀の永続的な食料としての価値の見直しをされた雑穀料理を大切にしたい。

擬似食品

雑穀一つ一つの味の独自性を生かした食品という観点から見ると、都市における雑穀ブームのなかで展開されているモロコシの食品のほとんどがハンバーグになっているのはどうしてなのだろうか。推測するに、色合いからして肉に似ていることからハンバーグになり、洋風の人気食品になっていると思うが、これも一つの現代風雑穀食品として評価しながらも、モロコシとしての独自の食品はどこにいったのか、と心配になるのである。モロコシはモロコシのおいしさで食品開発をしてみることも必要であろうし、伝統的食品から学ぶことも大いにあると思う。ところが、モロコシが肉に色合いが似ているから肉食品に似せて加工するというのはいかがなものであろうか。ある食材が、ある食材に似ているという点から、他の食材の代用品として使うのは擬似食品である。

昭和三十年代に魚肉ソーセージというのが発売された。これはソーセージに似せた魚の肉を材料にした食品であった。発売当時は、魚肉の栄養も摂れ、子どもたちも食べやすい、弁当のおかずにもなるということで人気が出た食品であったが、短期間で注目されなくなった。現在も生協などでわずかに販売されている。短期間で人気商品でなくなったのは、魚肉を材料にしなくとも充分に豚肉のソーセージが生産されるようになったことが大きな要因であったと思われるが、同時に栄養的な価値はあっても「ホンモノ」ではないという認識が消費者にあったことが原因であろう。最近（平成十八年）、青森県で売り出した「オカラコンニャク」という商品をテレビで紹介していたが、その人気の要因は、豆腐のオカラとコンニャクを材料としているため、健康食品であることはもちろんであるが、味・食感が肉に似ているから、夫も子どもも喜んで食べるというのが若い主婦たちの弁であった。なぜ、肉の食品に味が似ていると夫や子どもたちは喜ぶのか。これは明治以降、あるいは第二次世界大戦後の欧米の食品は、栄養があり、ご馳走である、という抜きがたい食品への観念が日本人の心意の基底にあるからなのではなかろうか。日本の伝統的食品であるオカラとコンニャクでは「ご馳走」の感覚にならないのだろうか。オカラはオカラの、コンニャクはコンニャクの独自の食感と味があるからおいしいと思い、日本食のよさなのではなかろうか。それぞれの食材を、他の食材の「代用品」にするのはとても失礼なのではなかろうか。

雑穀の栽培・流通・販売の課題

雑穀栽培のもっとも有利な点は無農薬栽培が可能なことである。米作りをして農薬のために病気になり、有機栽培農業を始めたり、雑穀栽培に転向したりした人も多い。少しずつ、雑穀栽培に必要な機械も開発されるようになり、消費が伸びてきたこともあって、雑穀栽培は軌道にのりつつあるようだが、問題はないのだろうか。

平成十五年（二〇〇三）における粟・稗・黍の国内生産量は五〇五トンである。このうち岩手県の生産量は三一五トンで、国内生産量の六二％に当たる。他には北海道や長野県・岐阜県・熊本県・沖縄県などで生産されている。しかし、沖縄県のように、生産する地域が限定され、雑穀の種類も糯種の黍やモロコシに集中している所もある。そうしたなかで生産者の立場から見た問題点は販売価格であろう。粟・黍・稗について、岩手県内で一キロ当たり千円以上の値段である。しかし、首都圏では二、三千円である。では生産農家の販売価格はいくらか。一キロ当たりおよそ二百円だというのである。岩手県のある農協の雑穀買い入れ価格を見ても、一キロ当たり粟三百八十円・黍三百六十円、稗二百七十円・モロコシ三百円・アマランサス千二百円である。それぞれの作物一反《たん》当たりの収穫量や労働量との兼ね合いを考慮したら、農業として成り立つものではない。雑穀の栄養学・医学的研究をした西澤直行氏に、「いまだ農家の所得増にはなっていない現状」といわせるような状況である。

沖縄県の場合は、糯種の黍生産が特化しているのが実情である。地域により多少の違いがあるが、一キロ当たり生産者の売り渡し価格は八百〜千円、地元市場価格が千二百円である。この例は県内での需要が高く、本土、とくに首都圏での販売を行なっていないからではないだろうか。ある意味では、以前から私が主張しているように、その地域を中心にした小商業圏の形成の成功例といえるだろう。しかし、この地域にも直接販売業者もいるので、詳細は不明である。

雑穀の将来性を求めて

岩手県のように生産者に所得として還元されないような流通は持続可能な農業とはいえず、農業として成り立つシステムを構築すべきであろう。こうした生産者価格の問題に加えて、雑穀ブームによる都市における需要が増えたため、雑穀のブランド化がおこり、岩手産の雑穀はブランド物になった。そのために、海外からの輸入雑穀と混合した雑穀が「岩手産雑穀」として販売されている状況もあるという。単品の雑穀の場合は、産地も明記されてわかりやすいが、数種類の雑穀をブレンドした「十穀」などの商品は産地が不明確である。雑穀が重要な商品として成り立つために、産地明記が米なみに行なわれてしかるべきであると思う。

産地明記の必要性は輸入物の雑穀の存在である。私は輸入物の雑穀が悪いと思っているわけではない。ただ、次の二点において消費者が注意を払うべきであると思っている。

平成十三年の輸入雑穀量は四七〇トンである。中国からの輸入が多いが、近年は中国はもちろん、オーストラリアやベトナムからの輸入も急増している（井上齋・中井康弘「最近の日本における雑穀栽培の概況」『雑穀研究』一七、二〇〇三年）。また、「財務省貿易統計では食用と飼料用を合わせて、国内の雑穀市場の九〇％は輸入品である」という。需要に供給が追いつかないのが現状である。国産品に輸入品を混入させて販売されても消費者は識別するほどの雑穀への認識は持っていないのである。

輸入品について第一に注意すべきは、やはり食の安全性からくる農薬や輸入時の保存様態や保存料の問題である。このことは各国の使用基準などの違いもあるが、日本の基準によって輸入されるべきであると考える。

第二は、産出国の生産状況の問題である。アジアの国で日本に輸出するからと雑穀を栽培させながら、収穫期になっても取引を行なわず、生産者の生活の破綻《はたん》を引き起こした例が報告されている。アジアの国々で日本向けの商品を生産・開発し、それに携わる人々の暮らしを守り、生活レベルを高めていくのではなく、エビの輸入に象徴されるように、それまで行なわれていた地元の生産体系および生活を壊していくやり方が指摘されて久しい。それを「日本の食料帝国主義」であるという指摘もある。アジアの貧困層や低所得者層が日本に輸出するため魚介類を獲り、野菜等を栽培して収支の合わない仕事を強いられることもある。日本の一時的なブームに踊らされて資本投下して輸出した商品が、ブームの下火によりあっという間に売り残り、商売にならなくなったナタ・デ・ココのような現実もある。日本の飽食と一時的な気まぐれ的食のブームに翻弄《ほんろう》されたこの人たちの生活は、元にもどることなく、以前にもまして、困窮を強いられていくのである。

生産者と消費者と

このように見てくると、私たち消費者は、国内外を問わず、どのような人たちが作った食材・食品なのかにも気をくばる必要がある。

都市においては、穀物や野菜のトレーサビリティー（生産履歴管理情報）が盛んに求められ、行なわれている。トレーサビリティーとは、生産者や製造・流通などの情報を消費者に公開することで、食料・食品の履歴を示し、その安全をはかるシステムである。これは生産者や流通関係者と消費者との信頼関係を元にした商業が成り立っていくという考えが基礎にある。したがって、食の安全性という点からだけでなく、作った人たちの生活の保障を含めて持続可能な社会を構築するためにも必要である。とくに、アジア・オセアニア・アフリカ等々の人々が安心して暮らせる輸出入のあり方を、先進国といわれる日本が提供してほしいと思う。このことは、国内の物資の流通にもいえることで、先に記した岩手県産の雑穀の生産者価格を考えると、農業として成り立つように流通のあり方を考えるべきであろう。ことに、将来の生産者の担い手についても考慮すれば、決しておろそかにできない問題である。しかし、消費者が購入する価格は現在でも高価なので、これ以上の販売価格の上昇は現実的ではない。現在の一時的な雑穀ブームよりも、栄養的にも医学的にも価値ある雑穀が将来にわたって生産され、消費されていく全体的なシステムが必要である。

そのような意味からも、平成十六年に発足した日本雑穀協会は、協会の趣旨に「雑穀の普及と啓発」を掲げているだけに、ぜひとも国内外の雑穀生産者と消費者を結ぶ永続的なシステムの創設を期待したい。とくに、日本雑穀協会の会長は国内の雑穀流通の大半を手がけるベストアメニティ株式会社の社長であり、その事務局は三井物産戦略研究所におかれていることから見ても、流通販売の国内外の基本に精通した企業である。そうした人たちの知恵を積み上げて生産・販売流通、そして消費に関わる人たちが持続可能な雑穀の食文化を享受できるよう望んでいる。

さまざまな今後の課題があるなかで、岩手県岩泉《いわいずみ》町と宮古《みやこ》農業改良普及センター岩泉地域普及所が取り組んでいる雑穀栽培は、岩手大学の学生による雑穀栽培体験とタイアップしたもので、若い人たちの雑穀栽培と雑穀食への取り組みが見られ、将来につながる事業である。やはり雑穀栽培とその文化はこれまでの経験者のみならず、若い人たちが主体的に関わっていくことも大きな課題であろうし、このような地域活動をとおして雑穀の将来が開けるであろう。

最後に、私もその一人であるが、消費者は市場に出まわっている商品を好きに選んで買えばよい、という時代から、生産者とともに消費者もよりよい生産体制・流通販売を担う時代になったことを自覚したい。ここには市場において「与えられた食料を買う」のでなく、「消費者の意識を反映させた」生産体制・流通体制を望むものである。いわば、自覚的な消費者として、雑穀食を発展させたいと思う。古くは、有機農業、現在ではＢＳＥ（牛海綿状脳症）の牛肉輸入の問題も、食にたいする選択する眼を持った日本の消費者の存在が大きい。マイナーな穀物である雑穀を継続的に庶民の食卓にのせるには、同じような消費者の雑穀への認識が大きく影響するであろう。約六十年前の飢餓の寸前にあったことを忘れ、まさに飽食の一言に尽きるともいえる日本の食の現状を変えるのは、生産者と消費者の自覚である。雑穀生産に力を入れている岩手県や沖縄県の状況からは、将来を見すえた模索がすすんでいる。消費者はよい商品を手にいれる努力をする時代がきているといえよう。

あとがき

　ちかごろ、自分は種子の運び屋だ、と思うようになった。作物の種子を、ある地域から別の地域の農家の人に持っていき、栽培してもらうからである。岩手県や東京都奥多摩町、山梨県、沖縄・八重山《やえやま》などで雑穀の種子をもらったら、東京学芸大学の木俣美樹男先生の許《もと》で保存してもらうと同時に、自分の家の冷蔵庫でも保管する。種子を届けた人は、必ず畑に播《ま》いて栽培してくれる。こういう人は作物にたいする好奇心がとても旺盛である。私はそれに感心して、あっちからこっちへと種子を運んでいる。種子を媒介にして人と人を結びつけているわけで、いわば、私は接着剤である。作物ができると、「増田さん、できたよ」と連絡をもらい、おじゃまして食べさせてもらう。作物の一つ一つが、それらの持つ独自の旨味を教えてくれ、そのおいしさは格別である。

　最近、私や知り合いだけで食べるのはもったいない、せっかく作ってもらった作物を多くの人に食べてもらいたい、とも思うようになった。そこでこの十年間、作物・食物について教えてもらった八重山の人たちと相談し、もっとたくさん作って地域の人や観光客に食べてもらうようにしよう、と計画をたて、すでにモロコシや粟《あわ》などの種子播きもしてもらった。六、七月には収穫して試食会を行なう予定である。山梨県の中川智さんのお宅でも同様なことを始めた。

昭和五十年ごろから東京都檜原《ひのはら》村で始めた私の雑穀の旅は、多くの人によって支えられてきた。なかでも山梨県の中川智さん、沖縄・八重山の小濱勝義さん、石垣博孝さん、島仲和子さんには現場で手取り足取り教えてもらった。また、民俗学では大島建彦先生、田中宣一先生、民族植物学の木俣美樹男先生、さらには、常に自由な環境を作ってくださっている立教大学の栗田和明先生、豊田由貴夫先生、丸山浩明先生に感謝申し上げたい。

私を支えてくださったのはそれだけではない。赤ん坊のときから大病をし、小学生になっても医者に行ってから登校していた私は、親が「この子は生きてさえいればいいから」といって育てたというほど病弱な子であった。長じて、昭和五十四年には癌研究会大塚病院で増渕一正先生（故人）による子宮癌の手術、平成九年には東京医科大学病院八王子医療センターの勝又健次先生（現、東京医科大学病院）による大腸癌の手術、そして平成十七年には東京医科大学病院の小澤隆先生の胆道班による胆管癌の手術を受けた。胆管癌の手術後まもなく二年になるが、八重山など自由に調査に行けるのは、こうした先生方のおかげである。自分の足で調査地を歩ける無上の喜びをかみしめながら感謝申し上げたい。

また、病気のために原稿が遅れるなど、かんたんではなかった本書の製作過程を思い返すと、前著『雑穀の社会史』でお世話になり、今回も企画の段階から適切なアドバイスをしてくださった吉川弘文館編集部の一寸木紀夫さん、制作担当の伊藤俊之さんにお礼を申し上げたい。

平成十九年二月二十八日

増田昭子

著者紹介

一九四二年、福島県に生まれる
一九六七年、早稲田大学教育学部社会科地理歴史専修卒業
現在、立教大学非常勤講師
主要著書・論文
『雑穀の社会史』、『粟と稗の食文化』、「近代における雑穀の民俗誌」「雑穀の現在」(『雑穀』所収)、「竹富町黒島のサツマイモ栽培文化考」(『民具マンスリー』第三七巻七号)、「南会津における祝儀・不祝儀の〝野菜帳〟」(『史苑』第六二巻第一号)

歴史文化ライブラリー
233

雑穀を旅する
スローフードの原点

二〇〇七年(平成十九)六月一日　第一刷発行

著　者　増《ます》田《だ》昭《しょう》子《こ》

発行者　前田求恭

発行所　株式会社　吉川弘文館
東京都文京区本郷七丁目二番八号
郵便番号一一三—〇〇三三
電話〇三—三八一三—九一五一〈代表〉
振替口座〇〇一〇〇—五—二四四
http://www.yoshikawa-k.co.jp/
印刷=株式会社　平文社
製本=ナショナル製本協同組合
装幀=マルプデザイン

歴史文化ライブラリー

1996.10

刊行のことば

現今の日本および国際社会は、さまざまな面で大変動の時代を迎えておりますが、近づきつつある二十一世紀は人類史の到達点として、物質的な繁栄のみならず文化や自然・社会環境を謳歌できる平和な社会でなければなりません。しかしながら高度成長・技術革新にともなう急激な変貌は「自己本位な刹那主義」の風潮を生みだし、先人が築いてきた歴史や文化に学ぶ余裕もなく、いまだ明るい人類の将来が展望できていないようにも見えます。このような状況を踏まえ、よりよい二十一世紀社会を築くために、人類誕生から現在に至る「人類の遺産・教訓」としてのあらゆる分野の歴史と文化を「歴史文化ライブラリー」として刊行することといたしました。

小社は、安政四年（一八五七）の創業以来、一貫して歴史学を中心とした専門出版社として書籍を刊行しつづけてまいりました。その経験を生かし、学問成果にもとづいた本叢書を刊行し社会的要請に応えて行きたいと考えております。

現代は、マスメディアが発達した高度情報化社会といわれますが、私どもはあくまでも活字を主体とした出版こそ、ものの本質を考える基礎と信じ、本叢書をとおして社会に訴えてまいりたいと思います。これから生まれでる一冊一冊が、それぞれの読者を知的冒険の旅へと誘い、希望に満ちた人類の未来を構築する糧となれば幸いです。

吉川弘文館

〈オンデマンド版〉
雑穀を旅する
スローフードの原点

On Demand
歴史文化ライブラリー
233

2022年（令和4）10月1日　発行

著　者　増《ます》田《だ》昭《しょう》子《こ》
発行者　吉川道郎
発行所　株式会社　吉川弘文館
〒113-0033　東京都文京区本郷7丁目2番8号
TEL　03-3813-9151〈代表〉
URL　http://www.yoshikawa-k.co.jp/

印刷・製本　大日本印刷株式会社
装　幀　清水良洋・宮崎萌美

増田昭子（1942～2019）

ISBN978-4-642-75633-4